Sekundarstufe

Friedhelm Heitmann

Einfach Arbeit & Beruf

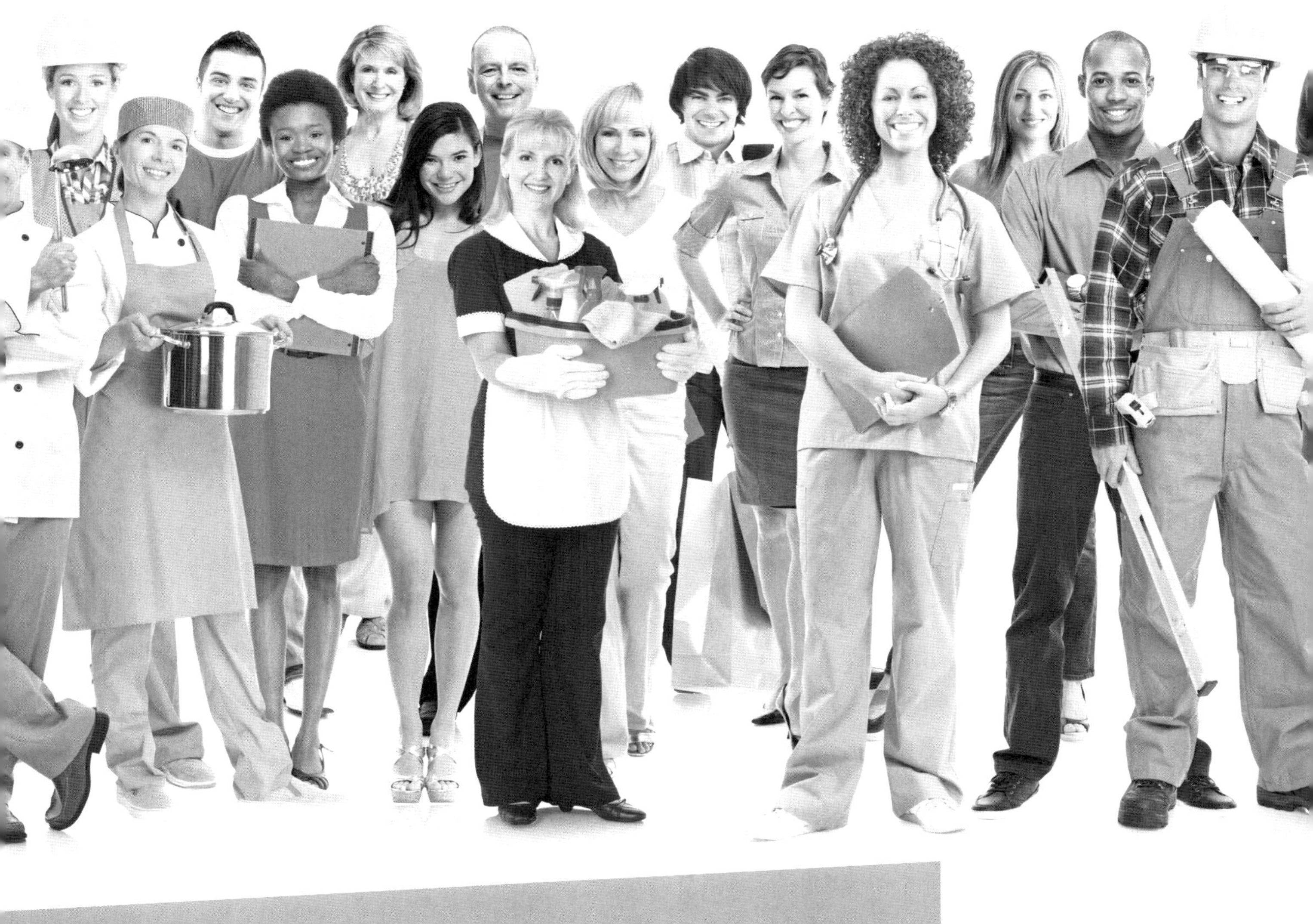

Elementares Wissen leicht erklärt

www.kohlverlag.de

Einfach Arbeit und Beruf

Elementares Wissen leicht erklärt

2. Auflage 2024

Inhalt: Friedhelm Heitmann
Umschlagbild: © grinny - AdobeStock.com
Redaktion: Kohl-Verlag
Grafik & Satz: Kohl-Verlag
Druck: Druckerei Flock, Köln

Bestell-Nr. 13 090

ISBN: 978-3-98841-188-4

Bildquellen: **alle AdobeStock.com:**
S 2: Africa Studio; S. 5-52: ronnarid; S. 5: jokatoons; S. 6: Tartila; S. 7: LanaSham, Tartila; S. 8: Christine Wulf, YG Studio; S. 9: Steve Young, YG Studio; S. 10: mrraven; S. 11: idambeer; S. 12: Rudzhan; S. 13: bluedesign; S. 14+15: Daisy Daisy, ttonaorh, Kzenon, Kadmy, Rawpixel.com, Photographee.eu, Gorodenkoff, pix4U, rh2010, Atelier 211, LIGHTFIELD STUDIOS, Greg Pickens, nyul, Pixel-Shot, hedgehog94, Syda Productions, gpointstudio; S. 16: 3Dmask; S. 17: xxstudio, Jean; S. 18: hermandesign2015, yindee; S. 19: zenturio1st; S. 20: artisticco; S. 21: fabioberti.it; S. 22: cartoonresource, FM2, Marta Sher, NLshop; S. 23: denis_pc; S. 25: Achim Wagner, Valerii Honcharuk, tatiana77777; S. 26: Trueffelpix, Visions-AD, 結衣 田中; S. 29: fenskey; S. 31+32: contrastwerkstatt; S. 35: s-motive; S. 37: Mishab; S. 38: Robert Kneschke; S. 39: wachied, Ascannio; S. 40: MP Studio; S. 41: Viktoria; S. 42: mast3r; S. 43+44: the8monkey; S. 45: sebastian, reeel; S. 46: Trueffelpix; S. 47: TheToonCompany; S. 48: creatarka; S. 49: jokatoon, WinWin; S. 50: auremar; S. 51: tunedin; S. 52: Ralf Geithe, momanuma;

Wikipedia.de S. 24: Céréales Killer;

Autor S. 9;

Inhaltsverzeichnis

KOHL VERLAG EINFACH ARBEIT UND BERUF Elementares Wissen leicht erklärt – Bestell-Nr. 13 090

Vorwort

Liebe Kolleginnen, liebe Kollegen,

die heutige Praxis in vielen deutschen allgemeinbildenden, aber auch in berufsbildenden Schulen zeigt immer mehr: So manche Heranwachsende sind mit angebotenen Informations- und Arbeitsmaterialien überfordert. Es mangelt diesen Heranwachsenden u. a. an Lesefähigkeiten, am Textverständnis und Ausdrucksvermögen, zudem an Lernmotivation. Zu dieser Situation haben gesellschaftliche Veränderungen, mediale Reizüberflutung, unterschiedliche Lebenseinstellungen … beigetragen.

Um lern-/leistungsschwächere Schüler (noch) zu erreichen und ihnen elementare Bildung zu vermitteln, bedarf es adäquater Informations- und Arbeitsmaterialien. Vor diesem Hintergrund entstand im Kohl-Verlag für diverse Schulfächer und einige Themenbereiche die Reihe „Einfach … – Elementares Wissen leicht erklärt“.

Im vorliegenden Werk – einem weiteren Band aus der Reihe – geht es um den Themenbereich Arbeit und Beruf. Dieser Band hält zu den zahlreichen Unterthemen des genannten Themenbereiches relativ kurze, allgemeinverständliche Texte bereit. Von Text zu Text gibt es unterschiedliche, ja abwechslungsreiche Aufgabenstellungen. Den Lehrkräften bleibt es jeweils überlassen, welche dargebotenen Materialien sie in den Unterricht aufnehmen.

Gedankt sei im Voraus für Hinweise auf (etwaige, leider nie auszuschließende) Fehler, die sich in den Band eingeschlichen haben könnten, ebenfalls für sonstige Verbesserungsvorschläge zum Werk. Möge das Werk dazu beitragen, dass Heranwachsende ihren Einstieg in die Arbeits- und Berufswelt finden. Viele Erfolge bei der Verwendung der Materialien im Unterricht wünschen das Team des Kohl-Verlags und

Friedhelm Heitmann

Hinweis: Zum Themenbereich Arbeit und Beruf sowie dessen Umfeld liegen im Kohl-Verlag folgende weitere von Friedhelm Heitmann verfasste Bände vor:

- *F. Heitmann: Bausteine zur Berufsorientierung, erstmals veröffentlicht im Jahr 2009, Bestell-Nr. 10 867;*
- *F. Heitmann: Das Betriebspraktikum, erstmals veröffentlicht im Jahr 2011, Bestell-Nr. 11 105;*
- *F. Heitmann/Dorle Roleff-Scholz: Allgemeinwissen fördern Arbeit und Beruf, erstmals veröffentlicht im Jahr 2020, Bestell-Nr. 12 366;*
- *F. Heitmann: All about jobs (English – quite easy Band 5), erstmals veröffentlicht im Jahr 2009, Bestell-Nr. 10 939;*
- *F. Heitmann: Wirtschaft & Beruf mit Wissen, Witz & Grips – Die Lernkartothek, erstmals veröffentlicht im Jahr 2023; Bestell-Nr. 12 970;*
- *F. Heitmann: Allgemeinwissen fördern Wirtschaft, erstmals veröffentlicht im Jahr 2017, Bestell-Nr. 12 021;*
- *F. Heitmann: Einfach Wirtschaft, erstmals veröffentlicht im Jahr 2023, Bestell-Nr. 12 952*

1 Was ist Arbeit?

EA

Aufgabe 1: *Setze diese 10 Wörter in den anschließenden Sätzen an der jeweils richtigen Stelle ein:*

Arbeit – ehrenamtlich – Erwerbstätigkeit – Gegenteil – Geld – Lebensunterhalt – Leistung – Mühe – Sinn – Vergnügen

1. Sagen lässt sich: Arbeit ist das ________________ von Freizeit.
2. Ein altes deutsches Sprichwort heißt: „Erst die Arbeit, dann das ______________".
3. Das Leben der Menschen ohne jegliche ________________ gibt es (bisher) nicht.
4. Arbeit beinhaltet, etwas zu leisten, eine ________________ zu vollbringen.
5. Dazu gehört, sich ______________ zu geben, mit anderen Worten sich anzustrengen.
6. In der Wirtschaft meint man mit Arbeit die ________________________.
7. Dafür erhält der Erwerbstätige in der Regel ________________.
8. Dieses Geld dient gewöhnlich zum ________________________.
9. Es arbeiten auch Menschen ________________________.
10. Manche Menschen sehen den ________________ von Arbeit z. B. darin, anderen Personen zu helfen ...

EA

Aufgabe 2: **a)** *Welche Beispiele für Arbeit fallen dir ein? Nenne 5 Beispiele.*

____

____

b) *Welche Arbeiten erledigst du (z. B. in deiner Familie)?*

____

____

c) *Erhältst du für deine Arbeiten Geld? Wenn ja, wie viel Geld?*

____

____

d) *Was hältst du von dem alten deutschen Sprichwort: „Erst die Arbeit, dann das Vergnügen"?*

____

____

e) *Was meinst du zu dem Anti-Sprichwort „Erst das Vergnügen, dann die Arbeit"?*

____

____

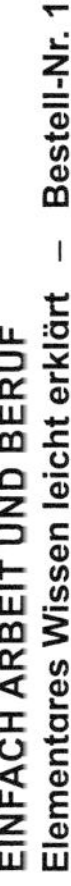

2 Bestimmungen in Deutschland für die Kinderarbeit

EA

Aufgabe: *Ordne die 10 Antworten (siehe unten) den Fragen zu. Schreibe hierzu auf ein Extrablatt.*

1. Bis zu welchem Alter einschließlich gelten Heranwachsende in Deutschland als Kinder?
2. Bis zu welchem Alter einschließlich dürfen Kinder in Deutschland außerhalb ihrer Familie nicht arbeiten?
3. Wie lange dürfen Kinder im Alter von 13 oder 14 Jahren am Tag höchstens arbeiten?
4. Welche Arbeiten dürfen 13- bzw. 14-Jährige nur leisten?
5. Welche Tätigkeiten z. B. zählen zu den erlaubten Arbeiten?
6. In welchem Zeitraum am Tag dürfen 13 bzw. 14 Jahre alte Kinder arbeiten?
7. Bis zu wie vielen Tagen je Woche dürfen 13- bzw. 14-Jährige arbeiten?
8. An welchen Tagen ist die Kinderarbeit für alle Kinder in Deutschland verboten?
9. Welche Zustimmung ist für die jeweilige Kinderarbeit erforderlich?
10. Wann dürfen Kinder an Schultagen nicht arbeiten?

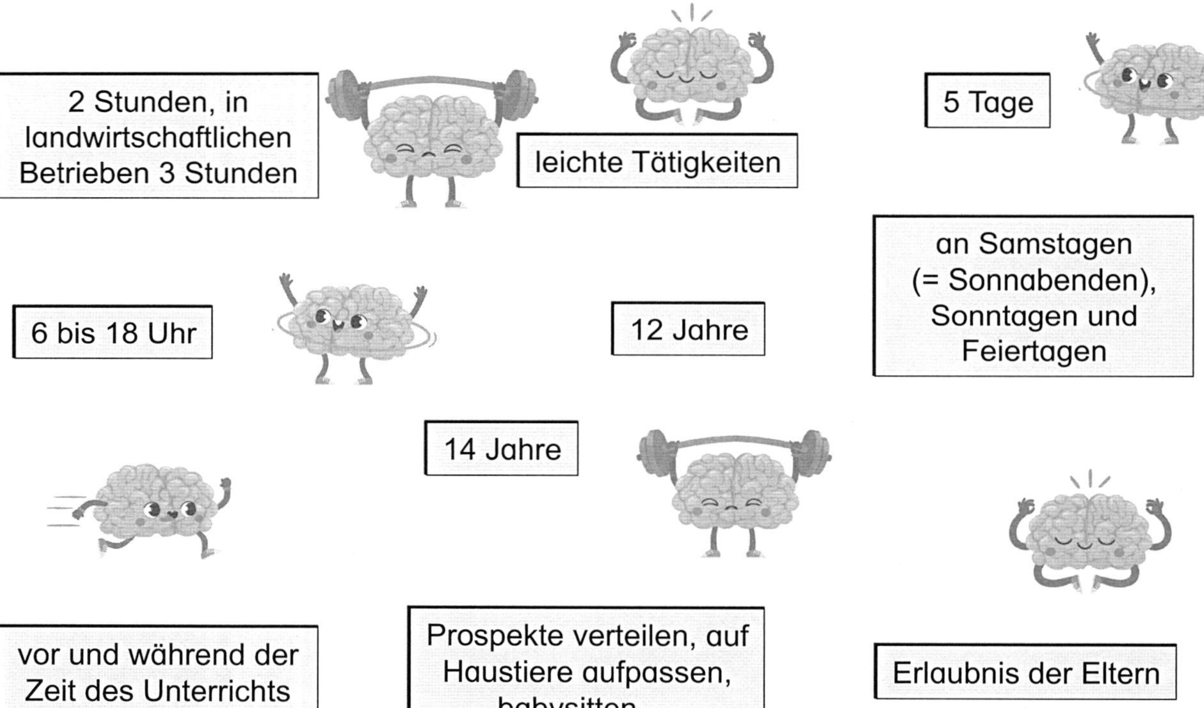

KOHL VERLAG
EINFACH ARBEIT UND BERUF
Elementares Wissen leicht erklärt – Bestell-Nr. 13 090

3 Bestimmungen in Deutschland für die Arbeit von Jugendlichen

Als Jugendliche gelten in Deutschland 15, 16 und 17 Jahre alte Heranwachsende. Die Arbeitszeit der Jugendlichen darf in der Woche maximal 40 Stunden betragen, davon an einem Tag 8,5 Stunden. Für die Jugendlichen ist die Arbeit je Woche auf 5 Arbeitstage beschränkt. Grundsätzlich ist die Arbeit für die Heranwachsenden am Wochenende nicht erlaubt. Es gibt aber mögliche Abweichungen von diesem Grundsatz, u. a. in der Krankenpflege, Altenpflege und Gastronomie. In der Regel darf der früheste Arbeitsbeginn am Tag 6 Uhr, das späteste Arbeitsende 22 Uhr sein. Beispielsweise in Bäckereien, Gaststätten und Krankenhäusern sind Ausnahmen von dieser Regel gestattet.

Jugendliche dürfen keine gefährlichen Arbeiten erledigen, auch keine Akkordarbeit. Akkordarbeit ist Arbeit, bei der es auf die möglichst schnelle Erledigung von Arbeit ankommt. Den arbeitenden Jugendlichen stehen feste Arbeitspausen zu. Ebenfalls haben die Jugendlichen aufgrund ihrer Arbeit Anspruch auf Urlaub. Für den Berufsschulunterricht müssen die Jugendlichen von ihrem jeweiligen Arbeitgeber freigestellt werden.

EA

Aufgabe: *Überlege dir 5 Fragen zum Text. Gib das Blatt einem Mitschüler zur Beantwortung. Du bekommst dafür seine Fragen, die du beantworten musst.*

1. Frage: ______________________________

____

Antwort: ______________________________

____

2. Frage: ______________________________

____

Antwort: ______________________________

____

3. Frage: ______________________________

____

Antwort: ______________________________

____

4. Frage: ______________________________

____

Antwort: ______________________________

____

5. Frage: ______________________________

____

Antwort: ______________________________

____

KOHL VERLAG Lernen mit Erfolg
EINFACH ARBEIT UND BERUF
Elementares Wissen leicht erklärt – Bestell-Nr. 13 090

Berufe

EA

Aufgabe: **a)** *Verbinde jeden Satzanfang mit dem richtigen Satzende, indem du die Nr. des Satzanfangs vor jedes Satzende schreibst. Die Buchstaben rechts ergeben richtig geordnet ein Lösungswort:*

_ _ _ _ _ _ _ _ _ _ _

Nr.	Satzanfang
1	Wer einen Beruf ausübt,
2	In ihren Berufen arbeiten die meisten Berufstätigen
3	Die Berufstätigen leisten Arbeit,
4	Die einen Berufe erfordern vor allem
5	Besonders auf geistiges Arbeiten kommt
6	So manche Berufe lassen sich durch
7	Um eine Berufsausbildung erfolgreich abzuschließen,
8	Für die Ausübung bestimmter Berufe (Arzt, Lehrer ...)
9	In Deutschland besteht das
10	Das heißt du kannst selbst entscheiden,

Nr.	Satzende	
	körperliche Tätigkeiten.	D
	jeweils eine Ausbildung erlernen.	E
	muss man Prüfungen bestehen.	R
	einen (sehr) langen Zeitraum.	A
	ist sogar ein erfolgreiches Studium die Voraussetzung.	K
	welchen Beruf du ergreifen möchtest.	R
	für die sie pro Monat Geld (= Verdienst) bekommen.	N
	Grundrecht der freien Berufswahl.	E
	es dagegen in anderen Berufen an.	W
	der arbeitet.	H

b) *Schreibe nun die 10 Sätze in der vorgegebenen Reihenfolge vollständig auf.*

EINFACH ARBEIT UND BERUF
Elementares Wissen leicht erklärt – Bestell-Nr. 13 090

5 Berufe und Jobs

Ein Beruf gilt mehr als ein Job, hat einen höheren Stellenwert. Das Wort Job stammt aus der englischen Sprache: *job* (engl.) = Arbeit, Tätigkeit …

Mit dem Begriff Job meint man (im engeren Sinne) keinen Beruf. Bei Jobs handelt es sich meistens um kurzfristig oder mittelfristig vorübergehend ausgeübte Tätigkeiten. Dabei geht es hauptsächlich oder sogar ausschließlich darum, Geld zu verdienen. Personen, die einen oder mehrere Jobs tun, nennt man Jobber. Jobber werden für Jobs normalerweise kurz angelernt. Im Gegensatz zu Berufen erfolgt bei Jobs keine (staatlich anerkannte) Ausbildung.

Der Begriff Beruf ist abgeleitet vom Wort Berufung. Dies bedeutet: Als Berufstätiger hält man sich (innerlich) für seinen jeweiligen Beruf bestimmt und geeignet. Zumindest sollte es so sein. Berufstätige fühlen sich mit ihrem Beruf gewöhnlich stärker verbunden als dies Jobber mit ihrem Job tun. Der Beruf wird also nicht allein als ein Mittel zum Geldverdienen betrachtet. Berufstätige werden in der Regel besser bezahlt als Jobber.

EA

Aufgabe: *Was kannst du nun zu den nachfolgenden Begriffen sagen? Schreibe eigene Sätze auf.*

Job	Arbeit	Beruf

KOHL VERLAG EINFACH ARBEIT UND BERUF Elementares Wissen leicht erklärt – Bestell-Nr. 13 090

Arbeitgeber und Arbeitnehmer

EA

Aufgabe: *Schreibe mit Hilfe der stichwortartigen Angaben einen aus ganzen Sätzen bestehenden vollständigen Text. Schreibe hierzu deinen Text zunächst auf ein Extrablatt und danach in Reinschrift auf.*

Beschäftigung von Arbeitnehmern durch Arbeitgeber	Zahlung von Geld für die geleistete Arbeit an die Arbeitnehmer	2 Beispiele für Arbeitgeberverbände in Deutschland: Arbeitgeberverband der Metall- und Elektroindustrie, Arbeitgebervereinigung Nahrung und Genuss
Arbeitnehmer = Arbeiter, Angestellte, Auszubildende …	Arbeitgeber = Unternehmen, Behörden, Organisationen …	
2 Beispiele für Arbeitnehmerverbände in Deutschland: Industriegewerkschaft Metall, Gewerkschaft Nahrung-Genuss-Gaststätten	Arbeitgeberverbände = Interessenvertretungen von Arbeitgebern	freiwillige Zusammenschlüsse der Arbeitgeber in Arbeitgeberverbänden
Gewerkschaften = Interessenvertretungen von Arbeitnehmern	Verhandlungen zwischen Arbeitgeberverbänden und Gewerkschaften über die Bezahlung der Arbeit, Arbeitsbedingungen …	freiwillige Zusammenschlüsse der Arbeitnehmer in Gewerkschaften

7 Verhalten in der Arbeits- und Berufswelt

In der Arbeits- und Berufswelt wird von den beteiligten Personen vernünftiges Verhalten erwartet, ja verlangt. Zu den Geboten des allgemeinen Verhaltens gehören Pünktlichkeit, Freundlichkeit, Leistungsbereitschaft, Ehrlichkeit, Zuverlässigkeit … Betriebsangehörige haben einzuhalten, was in der jeweiligen Betriebsordnung des Unternehmens niedergeschrieben ist. Unter einer Betriebsordnung versteht man alle Vorschriften, die in einem Unternehmen bzw. Betrieb gelten.

Gesetzlich vorgeschrieben ist: Wer als Arbeitnehmer arbeitsunfähig ist (z. B. aufgrund von Krankheit oder eines Unfalls), muss dies seinem Arbeitgeber sogleich mitteilen, spätestens zu Beginn der Arbeitszeit am 1. Tag des Fehlens bei der Arbeit. Gemäß Gesetz ist dem Arbeitgeber eine ärztliche Arbeitsunfähigkeitsbescheinigung (= Attest[1]) vorzulegen, wenn die Arbeitsunfähigkeit länger als 3 Tage dauert. Arbeitgeber können von ihren Arbeitnehmern schon vom 1. Tag an die Vorlage einer ärztlichen Arbeitsunfähigkeitsbescheinigung fordern.

Wer sich nicht an festgelegte Verhaltensweisen hält, muss mit Maßnahmen durch den Arbeitgeber rechnen. Eine Abmahnung – d. h. Verwarnung des Arbeitnehmers durch den Arbeitgeber wegen eines Fehlverhaltens – droht, möglicherweise sogar die Entlassung aus dem Arbeitsverhältnis (= Kündigung des Arbeitsverhältnisses).

Aufgabe:

EA

a) *Nenne Beispiele von allgemeinen Verhaltensweisen, die in der Arbeits- und Berufswelt erwartet werden.*

____

____

b) *Was umfasst eine Betriebsordnung?*

____

____

c) *Wann müssen Arbeitnehmer ihr Fehlen bei der Arbeit (z. B. wegen Krankheit) ihrem Arbeitgeber spätestens melden?*

____

d) *Was ist ein Attest?*

____

e) *Wann hat der Arbeitnehmer dem Arbeitgeber in jedem Fall ein Attest eines Arztes vorzulegen?*

____

f) *Welche Gefahren drohen den Arbeitnehmern, wenn sie festgelegte Verhaltensweisen nicht befolgen?*

____

____

____

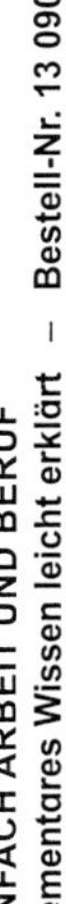

[1] *attestari* (lat.) = bestätigen, bezeugen

Einige Begriffe zum Thema Arbeit

EA **Aufgabe**: *Ordne folgende 10 Begriffe (mit -arbeit am Ende) den kurzen Erklärungen richtig zu.*

Akkordarbeit – Gleitzeitarbeit – Heimarbeit – Kurzarbeit – Schichtarbeit – Schwarzarbeit – Teamarbeit – Teilzeitarbeit – Vollzeitarbeit – Zeitarbeit

1		=	Arbeit, bei der die Erwerbstätigen in der Regel 35-40 Stunden je Woche arbeiten;
2		=	Arbeitszeit der Erwerbstätigen ist geringer als 35-40 Stunden je Woche;
3		=	Arbeit zu verschiedenen festgelegten Zeitabschnitten (z. B. Früharbeit, Spätarbeit, Nachtarbeit);
4		=	ein Zeitraum außerhalb einer festgelegten Arbeitszeit (= tägliche Kernarbeitszeit), in dem die Erwerbstätigen den Zeitpunkt des Arbeitsbeginns sowie des Arbeitsendes selbst bestimmen dürfen;
5		=	vorübergehende Verringerung der regelmäßigen Arbeitszeit der Erwerbstätigen in einem Unternehmen z. B. aufgrund erheblicher Verschlechterung der Auftragslage;
6		=	Arbeit, bei der der Lohn der Erwerbstätigen nicht nach Arbeitsstunden, sondern nach geleisteter Arbeitsmenge bezahlt wird;
7		=	Leiharbeit, die Erwerbstätige bei verschiedenen Unternehmen für jeweils bestimmte Zeit erledigen;
8		=	Arbeit, die Erwerbstätige zu Hause für ein Unternehmen leisten;
9		=	intensive Zusammenarbeit von mehreren Personen bei der Arbeit;
10		=	nicht erlaubte Arbeit für Geld, ohne Steuern zu bezahlen

EINFACH ARBEIT UND BERUF
Elementares Wissen leicht erklärt – Bestell-Nr. 13 090

9 Arbeitsverträge

Allgemein gesagt sind Verträge feste Vereinbarungen (= Abmachungen), die getroffen werden. In Arbeitsverträgen verpflichten sich Personen zur Arbeit für Geld. Arbeitsverträge bestehen in der Regel zwischen Arbeitnehmern und Arbeitgebern. Durch Arbeitsverträge kommen sogenannte Arbeitsverhältnisse zustande.

Üblich ist, dass Arbeitsverträge schriftlich abgeschlossen werden. Sie können jedoch auch mündlich vereinbart werden. Empfehlenswert ist aber, Arbeitsverträge zu verschriftlichen. Aus Gründen der Beweisbarkeit – bei möglichen späteren Streitigkeiten zwischen Arbeitgeber und Arbeitnehmer – eignen sich schriftliche Arbeitsverträge besser.

Arbeitsverträge enthalten Angaben über:

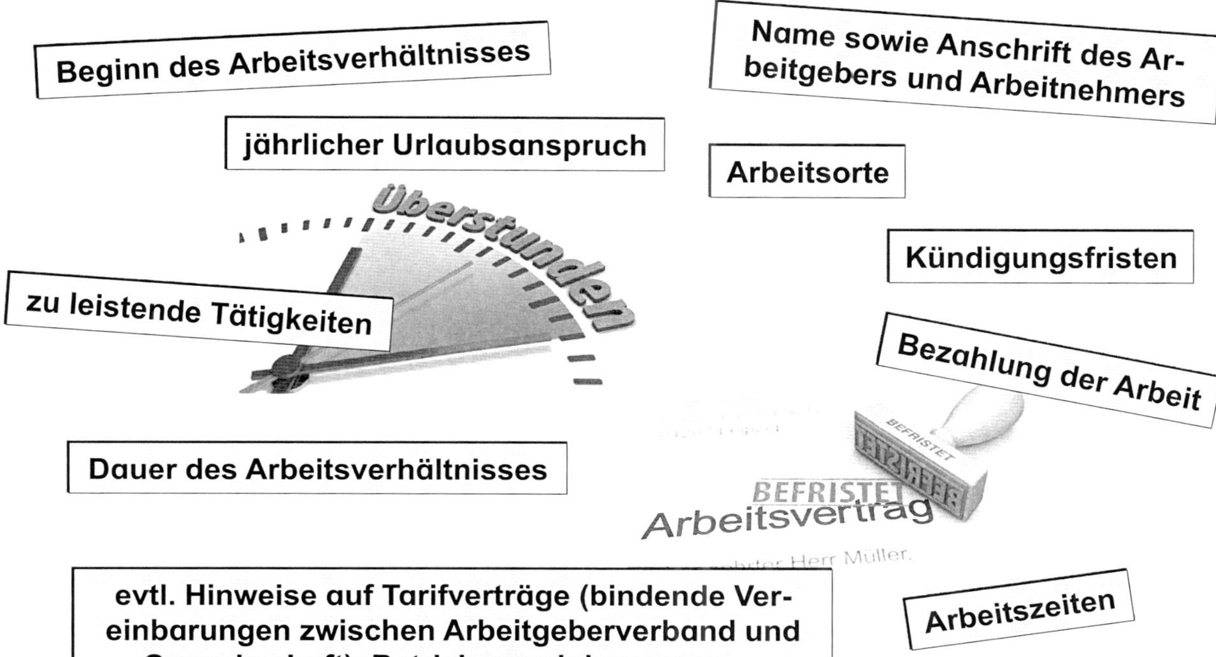

Beginn des Arbeitsverhältnisses

Name sowie Anschrift des Arbeitgebers und Arbeitnehmers

jährlicher Urlaubsanspruch

Arbeitsorte

Kündigungsfristen

zu leistende Tätigkeiten

Bezahlung der Arbeit

Dauer des Arbeitsverhältnisses

evtl. Hinweise auf Tarifverträge (bindende Vereinbarungen zwischen Arbeitgeberverband und Gewerkschaft), Betriebsvereinbarungen ...

Arbeitszeiten

EA

Aufgabe: *Das merke ich mir zum Thema Arbeitsverträge:*

____

____

____

____

____

____

____

____

____

10 20 Berufe gesucht

EA

Aufgabe: *Welche Berufe üben die abgebildeten Personen aus? Schreibe unter jedes Bild die Berufsbezeichnung.*

Hinweise: Dabei ist 10-mal die weibliche Form der Berufsbezeichnung zu notieren und 10-mal die männliche Form.

Als Hilfestellung wird jeweils der erste Buchtabe der Berufsbezeichnung vorgegeben.

1. P

2. A

3. P

4. M

5. F

6. G

7. K

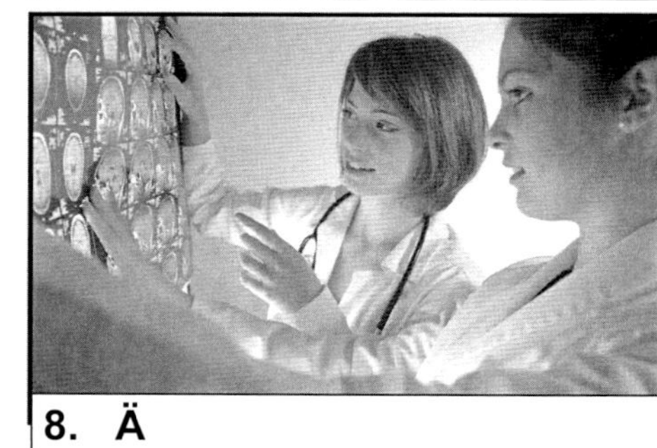

8. Ä

9. T

10. K

EINFACH ARBEIT UND BERUF
Elementares Wissen leicht erklärt – Bestell-Nr. 13 090

20 Berufe gesucht

EA

Aufgabe: *Fortsetzung*

11. M

12. V

13. G

14. K

15. S

16. B

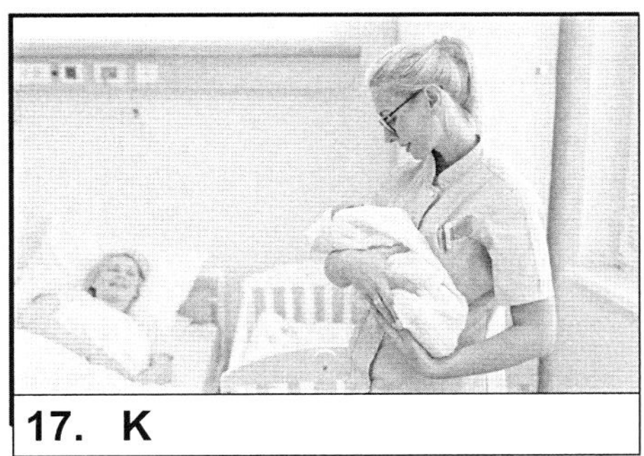

17. K

18. L

19. U

20. S

EINFACH ARBEIT UND BERUF
Elementares Wissen leicht erklärt – Bestell-Nr. 13 090

11 Welche Berufstätige tun was?

EA

Aufgabe 1: *Trage die fehlenden Bezeichnungen der Berufe ein und zwar immer die weibliche sowie die männliche Form. Ganz unten findest du eine Lösungshilfe.*

1. ____________________ / ____________________ ernten Getreide.
2. ____________________ / ____________________ pflanzen Blumen.
3. ____________________ / ____________________ hobeln Holz.
4. ____________________ / ____________________ bauen Wände.
5. ____________________ / ____________________ streichen Farbe.
6. ____________________ / ____________________ setzen Fensterscheiben ein.
7. ____________________ / ____________________ legen Stromleitungen.
8. ____________________ / ____________________ stellen Brot her.
9. ____________________ / ____________________ bereiten Speisen zu.
10. ____________________ / ____________________ schneiden Haare.
11. ____________________ / ____________________ betreuen Senioren.
12. ____________________ / ____________________ untersuchen Patienten.
13. ____________________ / ____________________ verkaufen Medikamente.
14. ____________________ / ____________________ entwerfen Kleidung.
15. ____________________ / ____________________ reparieren Fahrräder.
16. ____________________ / ____________________ kontrollieren den Verkehr.
17. ____________________ / ____________________ führen Bürotätigkeiten aus.
18. ____________________ / ____________________ erledigen Abrechnungen.
19. ____________________ / ____________________ unterrichten Schüler.
20. ____________________ / ____________________ planen den Bau von Gebäuden.
21. ____________________ / ____________________ bearbeiten Steuererklärungen.
22. ____________________ / ____________________ schreiben Zeitungsartikel.
23. ____________________ / ____________________ entwickeln Computerprogramme.
24. ____________________ / ____________________ verteidigen Angeklagte vor Gericht.

EA

Aufgabe 2: *Nenne fünf andere Berufstätige. Notiere dementsprechend auf einem extra Blatt jeweils einen kurzen Satz: Was tun diese Berufstätigen?*

Lösungshilfe (Berufsbezeichnungen in alphabetischer Reihenfolge):

Altenpfleger/Altenpflegerinnen • Apotheker/Apothekerinnen • Architekten/Architektinnen • Ärzte/Ärztinnen • Bäcker/Bäckerinnen • Buchhalter/Buchhalterinnen • Elektriker/Elektrikerinnen • Finanzbeamte/Finanzbeamtinnen • Frisöre/Frisörinnen • Gärtner/Gärtnerinnen • Glaser/Glaserinnen • Informatiker/Informatikerinnen • Journalisten/Journalistinnen • Köche/Köchinnen • Landwirte/Landwirtinnen • Lehrer/Lehrerinnen • Maler/Malerinnen • Maurer/Maurerinnen • Modedesigner/Modedesignerinnen • Polizisten/Polizistinnen • Rechtsanwälte/Rechtsanwältinnen • Sekretäre/Sekretärinnen • Tischler/Tischlerinnen • Zweiradmechaniker/Zweiradmechanikerinnen

EINFACH ARBEIT UND BERUF
Elementares Wissen leicht erklärt – Bestell-Nr. 13 090

12 Berufsfelder

In der Berufswelt unterscheidet man grob zwischen verschiedenen Berufsfeldern. Jedes Berufsfeld umfasst Berufe, die gewisse Gemeinsamkeiten und Ähnlichkeiten aufweisen. Mit Hilfe dieser Berufsfelder lässt sich ein grober Überblick über die Berufswelt mit ihren vielen Berufen gewinnen.

Die Bundesagentur für Arbeit unterscheidet zwischen 15 Berufsfeldern.

PA

Aufgabe: *Informiert euch (z. B. im Internet) und nennt zu jedem genannten Berufsfeld drei Berufsbezeichnungen als Beispiele, und zwar immer die männliche und die weibliche Form.*

1	Bau, Architektur, Vermessung	
2	Dienstleistungen	
3	Elektro	
4	Gesundheit	
5	IT, Computer	
6	Kunst, Kultur, Gestaltung	

12

Berufsfelder

PA

Aufgabe: *Fortsetzung*

7	Landwirtschaft, Natur, Umwelt	
8	Medien	
9	Metall, Maschinenbau	
10	Naturwissen-schaften	
11	Produktion, Fertigung	
12	Soziales, Pädagogik	
13	Technik, Tech-nologiefelder	
14	Verkehr, Logistik	
15	Wirtschaft, Verwaltung	

EINFACH ARBEIT UND BERUF
Elementares Wissen leicht erklärt – Bestell-Nr. 13 090
KOHL VERLAG

13 Die Bundesagentur für Arbeit

In der Bundesrepublik Deutschland gibt es die Bundesagentur für Arbeit, abgekürzt BA. Ursprünglich kommt das Wort Agentur aus der lateinischen Sprache [*agere* (lat.) = tun, handeln, tätig sein]. Manche Leute bezeichnen die Bundesagentur für Arbeit in der Alltagssprache (auch) als Arbeitsamt. Die Zentrale der Bundesagentur für Arbeit befindet sich in der süddeutschen Stadt Nürnberg. Zudem bestehen über ganz Deutschland verteilt viele Nebenstellen (= Agenturen für Arbeit) der Bundesagentur für Arbeit.

Die Bundeagentur für Arbeit mit ihren untergeordneten Stellen müssen wichtige Aufgaben leisten. Eine dieser wichtigen Aufgaben ist, Heranwachsende sowie Erwachsene im Hinblick auf mögliche Berufe zu beraten. Im Weiteren gilt es, Ausbildungs- und Arbeitsplätze zu vermitteln. Zu den Aufgaben gehört ebenfalls die berufliche Eingliederung von behinderten Menschen. Ferner heißt es, die berufliche Bildung und Weiterbildung von Arbeitskräften zu fördern.

Die Bundesagentur für Arbeit hat Berufs- und Arbeitsmarktforschung zu betreiben. Durch die BA erfolgt für bestimmte Zeit die Zahlung von Arbeitslosengeld an Erwerbstätige, die arbeitslos geworden sind. Voraussetzung für den Erhalt von Arbeitslosengeld ist: Die jeweiligen Arbeitslosen haben während ihrer vorherigen Erwerbstätigkeit zumindest eine gewisse Zeit lang Beiträge für die Arbeitslosenversicherung geleistet. Die Familienkassen der Bundesagentur für Arbeit sind zuständig für Zahlung von Kindergeld an die Familien. Zusammen mit sozialen Einrichtungen von Städten bzw. Landkreisen bildet die Bundesagentur für Arbeit vor Ort sogenannte Jobcenter. Bedürftige Menschen bekommen durch Jobcenter Bürgergeld.

EA

Aufgabe: *Schreibe anschließend die jeweils fehlenden Angaben hinzu.*

1. Dafür steht die Abkürzung BA: ______________________
2. Aus dieser Sprache stammt das Wort Agentur: ______________
3. So nennen manche Personen die Bundesagentur für Arbeit (auch): __________
4. Dort befindet sich die Zentrale der Bundesagentur für Arbeit:
   ____
5. Zur Bundesagentur für Arbeit gehören in ganz Deutschland verteilt:
   ____
6. Dabei berät die Bundesanstalt für Arbeit Heranwachsende und Erwachsene:
   ____
7. Die Bundesagentur für Arbeit soll behinderte Menschen:
   ____
8. Unter dieser Bedingung bekommen arbeitslos gewordene Menschen Arbeitslosengeld für bestimmte Zeit:
   ____
9. Dieses Geld zahlen Familienkassen der Bundesagentur für Arbeit an die Familien:
   ____
10. Diese Menschen erhalten Bürgergeld durch Jobcenter:
    ____

EINFACH ARBEIT UND BERUF
Elementares Wissen leicht erklärt – Bestell-Nr. 13 090

Das kann ich über mich sagen

Aufgabe: *Beschreibe dich selbst in vollständigen Sätzen:*

EA

- Fange dabei mit deinem Namen und Alter an.
- Welche Schule besuchst du?
- Wann wirst du voraussichtlich aus der Schule entlassen?
- Was sind deine Lieblingsfächer in der Schule?
- Welche Schulfächer magst du nicht?
- Welche Interessen und Hobbys hast du?
- Was möchtest du beruflich werden? …
- …

15 Allgemeine Fertigkeiten

Die Berufstätigen müssen in der Arbeits- und Berufswelt allgemeine (= überfachliche) Fertigkeiten beweisen. Übernommen aus der englischen Sprache bezeichnet man die allgemeinen (= überfachlichen) Fertigkeiten auch als Soft Skills.

[*soft* (engl.) = weich, sanft; *skills* (engl.) = Fertigkeiten, Fähigkeiten, Qualifikationen]

EA

Aufgabe: *Unten sind wesentliche allgemeine Fertigkeiten aufgeführt. Beurteile dich selbstkritisch und antworte, indem du die Eigenschaften in die passende Spalte schreibst:*

Das bin ich:

Das bin ich nicht:

höflich
fleißig
pünktlich
ehrlich
hilfsbereit
sorgfältig
belastbar
pflichtbewusst
teamfähig
ordentlich
rücksichtsvoll
anpassungsfähig
zuverlässig
aufmerksam
lernmotiviert

EINFACH ARBEIT UND BERUF
Elementares Wissen leicht erklärt – Bestell-Nr. 13 090
KOHL VERLAG

16 Fachliche Fertigkeiten

Außer allgemeinen (= überfachlichen) Fertigkeiten werden in der Arbeits- und Berufswelt fachliche Fertigkeiten erwartet. Der spezielle Fachausdruck für fachliche Fertigkeiten heißt Hard Skills.

[hard (engl.) = hart, schwer; skills (engl.) = Fertigkeiten, Fähigkeiten, Qualifikationen]

Bestimmte fachliche Fertigkeiten setzt man in den jeweiligen Berufen voraus. Oder man soll solche Fertigkeiten z. B. während der Ausbildung erlernen. Im Gegensatz zu den überfachlichen (= allgemeinen) Fertigkeiten lassen sich fachliche Fertigkeiten (wesentlich besser) überprüfen.

Zu den vorausgesetzten fachlichen Fertigkeiten zählen je nach Beruf z. B.:

wirtschaftliches Grundwissen

Führerscheine

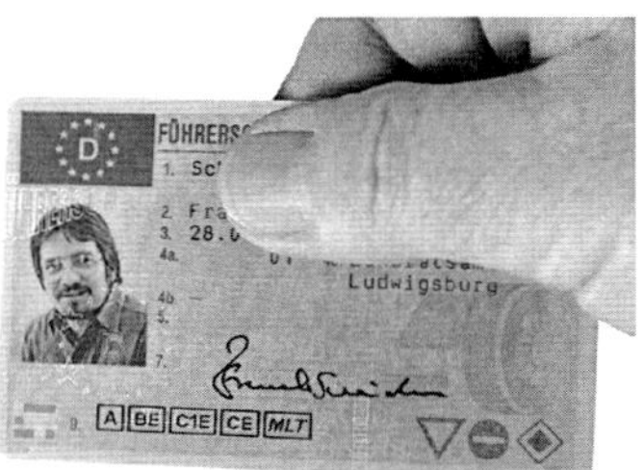

Rechenfertigkeiten

Englischkenntnisse

zeichnerische Begabung

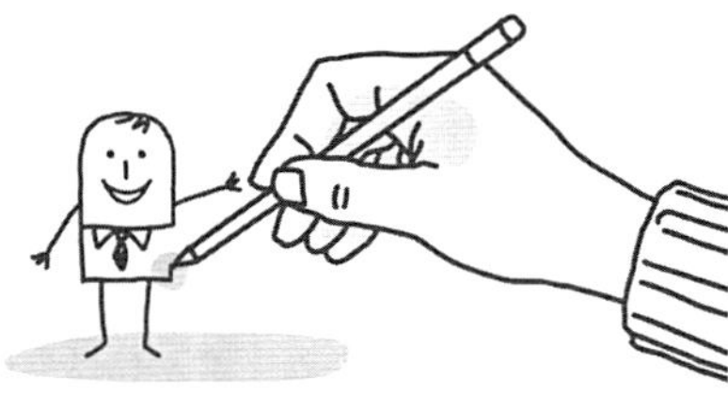

Computerwissen

technisches Verständnis

EA

Aufgabe: *Was kannst du nun zum Thema „Allgemeine und fachliche Fertigkeiten“ sagen? Schreibe eigene Sätze auf.*

____

____

____

____

____

____

____

EINFACH ARBEIT UND BERUF
Elementares Wissen leicht erklärt – Bestell-Nr. 13 090
KOHL VERLAG

17 3 Aussagen

EA

Aufgabe: *Was meinst du zu den anschließenden 3 Aussagen? Schreibe jeweils deine Meinung auf und begründe sie.*

Jörg: „Ich bin sehr fußballinteressiert und spiele in einem Verein Fußball. Unbedingt möchte ich ein Fußballstar werden. Fußballprofi ist der einzige Beruf, der für mich in Frage kommt."

Celine: „Arbeiten ist nicht mein Ding. Davon halte ich überhaupt nichts. Ich brauche nicht zu arbeiten. In Deutschland kann man doch ohne Beruf und Arbeit leben. Geld gibt es doch vom Staat."

Turan: „Mein Traumberuf ist Rapper. Das ist mein Plan. Als Rapper werde ich ganz viel Geld verdienen und werde mir ein Leben im Luxus leisten können."

Meine Meinung zu …

Jörg: ______________________________

____

____

____

Celine: ______________________________

____

____

____

Turan: ______________________________

____

____

____

18 Vom Traumberuf zum wirklichen Beruf

EA

Aufgabe: **a)** *Die nachfolgenden 10 Sätze sind nicht geordnet. Bringe sie in eine logische (= vernünftige) Reihenfolge. Nummeriere die Sätze dementsprechend mit den Zahlen von 1 bis 10. Welcher Satz muss an 1. Stelle stehen, welcher Satz an 2. Stelle, welcher Satz an 3. Stelle und so weiter?*

	Mit den Interessen allein ist es aber nicht getan.
	Doch Träume erfüllen sich oft im wirklichen Leben nicht.
	Gehe bei der Berufssuche von deinen Interessen aus.
	Sie denken z. B. daran, beruflich Sänger, Model, Fußballprofi oder Influencer zu werden.
	Lege dich nicht (von vornherein) auf einen ganz bestimmten Berufswunsch fest, sondern ziehe bei der Berufssuche ebenfalls einen oder zwei andere Berufe in Betracht.
	Manche Heranwachsende träumen von einem Beruf (= Traumberuf), in dem sie jeweils (sehr) viel Geld verdienen.
	Es kommt (auch) darauf an, ob du dich für den angestrebten Beruf tatsächlich eignest.
	Wäge dann die Vorteile und Nachteile des jeweiligen Berufes miteinander ab.
	Eine gründliche Information über den Wunschberuf ist unbedingt erforderlich.
	Deshalb sollte man bei der Berufssuche realistisch[1] sein und nicht überzogene Vorstellungen haben.

b) *Schreibe nun die 10 Sätze in der logischen (= vernünftigen) Reihenfolge auf.*

[1] *realis* (lat.) = wirklich, der Wirklichkeit entsprechend, sachlich

KOHL VERLAG Lernen mit Erfolg
EINFACH ARBEIT UND BERUF
Elementares Wissen leicht erklärt – Bestell-Nr. 13 090

19 Berufssuche, Berufsberatung

Schüler sollten frühzeitig mit der Berufssuche beginnen. Zu empfehlen ist, sich damit näher bereits ab 2 Jahre vor der Entlassung aus der allgemeinbildenden Schule zu befassen.

Zur Berufsorientierung hält die Bundesagentur für Arbeit mit ihren zahlreichen untergeordneten Agenturen viele Informationsmaterialien bereit, u. a. Videos zu etlichen Berufen. Dortige Berufsberater stehen den Heranwachsenden für Gespräche über geeignete Berufe zur Verfügung. Von den Berufsberatern sind vielfältige Ratschläge zur Berufssuche zu erhalten. Auch die Teilnahme an Tests zur Berufsfindung wird angeboten.

Wichtig sind bei der Berufssuche auch Ratschläge der Eltern. In der Regel kennen Eltern ihre Kinder am besten. Die Eltern wissen, wofür sich ihre Kinder interessieren. Bekannt ist den Eltern meistens, in welchen Bereichen ihre Kinder Stärken haben und wo Schwächen. Ebenfalls Ratschläge von Lehrkräften sollten Heranwachsende nicht außer Acht lassen …

EA

Aufgabe: *Das merke ich mir aus dem vorherigen Text:*

____

____

____

____

____

____

____

____

____

____

____

____

____

____

EINFACH ARBEIT UND BERUF
Elementares Wissen leicht erklärt – Bestell-Nr. 13 090

20 Betriebspraktika

EA

Aufgabe: *In den nachfolgenden 10 Sätzen fehlt jeweils das erste Wort. Setze passende Wörter als Satzanfänge ein.*

1. ______________ Deutschland haben die Schüler allgemeinbildender Schulen die Pflicht, Betriebspraktika[1] zu absolvieren.

2. ______________ Einzahl von Betriebspraktika heißt Betriebspraktikum.

3. ______________ bezeichnet diese Betriebspraktika auch als Schülerpraktika.

4. ______________ Betriebspraktika (= Schülerpraktika) werden vorübergehende (z. B. dreiwöchige) Tätigkeiten bei einem Arbeitgeber verstanden.

5. ______________ können z. B. Unternehmen oder staatliche Behörden sein.

6. ______________ Betriebspraktika sollen die Schüler praktische Einblicke in die Arbeits- und Berufswelt bekommen.

7. ______________ der Betriebspraktika sind die Schüler gesetzlich unfallversichert, ebenfalls auf dem Weg zur Arbeitsstelle und wieder nach Hause.

8. ______________ Anspruch auf Bezahlung für die im Betriebspraktikum geleistete Arbeit haben die Schüler nicht.

9. ______________ können Betriebspraktika den Schülern dabei, jeweils einen passenden Beruf zu finden.

10. ______________ sich im Betriebspraktikum bewährt, bekommt vom Arbeitgeber möglicherweise einen Ausbildungsplatz angeboten.

Lösungshilfe (Einsetzbare Wörter in alphabetischer Reihenfolge):

Arbeitgeber – Die – Durch – Einen – Helfen – In – Man – Unter – Während – Wer

[1] *praktikos* (griech.) = tätig, handelnd; *practica* (lat.) = (praktische) Tätigkeit

EINFACH ARBEIT UND BERUF
Elementares Wissen leicht erklärt – Bestell-Nr. 13 090

21 Bewerbung um einen Betriebspraktikumsplatz (Vorlage)

______________________ ______________________

____

____

____

____

____

____

____

Aufgabe: *Fülle die Vorlage für eine Bewerbung aus. Stelle dir einen Betrieb oder eine Behörde vor, wo du am liebsten arbeiten würdest.*

Bewerbung

Sehr geehrte(r) ____________________________,

ich bin _____ Jahre alt und besuche derzeit die Schule: ______________ ______________________________. Besonders interessiere ich mich für den Beruf des/der ____________________________________.

Schriftlich bewerbe ich mich darum, bei Ihnen ein Betriebspraktikum ________________________ zu können.

Das Praktikum ist vorgesehen für die Zeit vom _____________ bis zum _____________.

Bitte teilen Sie mir bis spätestens am _________________ mit, ob ich bei Ihnen das Betriebspraktikum ________________________ darf.

Mit freundlichen Grüßen

____
(Unterschrift)

____ Anlage(n)

KOHL VERLAG
EINFACH ARBEIT UND BERUF
Elementares Wissen leicht erklärt – Bestell-Nr. 13 090

22 Kurzbericht über mein Betriebspraktikum

1. Mein Name: ______________________________

2. In diesem Betrieb machte ich ein Betriebspraktikum:

Name des Betriebes: ______________________________

Anschrift: ______________________________

Telefon-Nr.: ______________________________

E-Mail-Adresse: ______________________________

3. Diese Arbeitsaufgaben erledigt der Betrieb: ______________________________

____

____

4. Praktikumsdauer/Anzahl Arbeitstage: ______________________________

5. Name meines Betreuers im Betrieb: ______________________________

6. Diese Tätigkeiten erledigte ich im Betriebspraktikum: ______________________________

____

____

____

7. Dies lernte ich im Betriebspraktikum: ______________________________

____

____

8. Das gefiel mir im Betriebspraktikum: ______________________________

____

____

9. Das gefiel mir im Betriebspraktikum nicht: ______________________________

____

____

10. Meine Gesamtbewertung des Betriebspraktikums: *(Kreuze an.)*

______	______	______	______	______
sehr gut	gut	mittelmäßig	schlecht	sehr schlecht

KOHL VERLAG
EINFACH ARBEIT UND BERUF
Elementares Wissen leicht erklärt – Bestell-Nr. 13 090

23 Nichtkönnen und Können – Berufswahl

EA

Aufgabe 1: **a)** *Diese Dinge kann ich nicht:*

____

____

____

____

b) *Diese Dinge kann ich:*

____

____

____

____

c) *Diese Dinge möchte ich können:*

____

____

____

____

EA

Aufgabe 2: **a)** *Das möchte ich (möglichst) werden:*

____

b) *Ich habe mich bei der Berufswahl beraten lassen durch:*

____

c) *Voraussetzungen für den Beruf sind: (u. a. welcher Schulabschluss wird verlangt?)*

____

d) *Diese Dinge muss man in dem Beruf tun:*

____

____

____

e) *Deshalb halte ich mich für den Beruf geeignet:*

____

____

____

f) *So lange dauert die Ausbildung in dem Beruf:*

____

KOHL VERLAG EINFACH ARBEIT UND BERUF Elementares Wissen leicht erklärt – Bestell-Nr. 13 090

24 Test I: Das kann ich sagen zu den Themen ...

1. Bestimmungen in Deutschland für die Arbeit von Kindern und von Jugendlichen.
2. die Arbeits- und Berufswelt.
3. Berufsfelder und Berufstätigkeiten.
4. die Bundesagentur für Arbeit.
5. die Berufssuche und Berufswahl.

25 Bewerbungen (Einführung)

EA

Aufgabe: *Diesmal fehlt in jedem der 10 Sätze ein Verb (= Zeitwort, Tätigkeitswort). Setze passende Verben ein.*

1. Wer eine Arbeitsstelle (= Arbeitsplatz) ________________ möchte, muss sich darum bewerben.
2. Bewerbungen sind an die Arbeitgeber zu ________________.
3. Suche dir frühzeitig und ganz gezielt aus, wo du dich ________________.
4. Wesentlich ist nicht, sich bei möglichst vielen Arbeitgebern zu ________________.
5. Vielmehr ________________ die Art (= Weise) der jeweiligen Bewerbung die entscheidende Rolle.
6. Bewerbungen müssen den Arbeitgeber ________________, dich einzustellen, dir also einen Arbeitsplatz zu geben.
7. Sehr zu ________________ ist Heranwachsenden, die einen Ausbildungsplatz suchen:
8. Sie sollten überlegt Ausbildungsbetriebe auswählen und sich dort – mit sorgfältig zusammengestellten Bewerbungsunterlagen – persönlich vor Ort ________________________.
9. Dies ________________ insbesondere bezogen auf kleinere Ausbildungsbetriebe.
10. Der persönliche Eindruck, den man bei der Vorstellung hinterlässt, ______________ häufig darüber, ob die Bewerbung erfolgreich ist oder nicht.

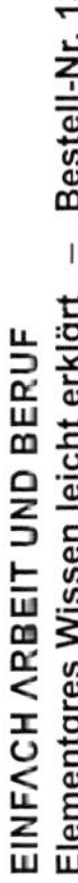

EINFACH ARBEIT UND BERUF
Elementares Wissen leicht erklärt – Bestell-Nr. 13 090

Lösungshilfe (Einsetzbare Verben in alphabetischer Reihenfolge):

bekommen – bewerben – bewirbst – empfehlen – entscheidet
– gilt – richten – spielt – überzeugen – vorstellen

26 Bewerbungsunterlagen (I)

Bei Bewerbungen gilt es, Bewerbungsunterlagen vorzulegen. Die Bewerbungsunterlagen müssen unbedingt enthalten:

- 1 Bewerbungsschreiben (= auch Anschreiben genannt) → vgl. S. 36;
- 1 (tabellarischer) Lebenslauf → vgl. S. 37

Heutzutage ist ein Lichtbild (= Foto) des Bewerbers nicht mehr verbindlich, jedoch dennoch zu empfehlen. Das Lichtbild kann z. B. auf dem tabellarischen Lebenslauf oben rechts festgeklebt werden. Bei Heranwachsenden, die sich um einen Ausbildungsplatz bewerben, sollte in jedem Fall

eine Kopie ihres letzten Schulzeugnisses

zu den Bewerbungsunterlagen gehören. Sinnvoll ist es, kopierte Bestätigungen über absolvierte Betriebspraktika als Anlagen hinzuzufügen. Weitere kopierte Nachweise von geleisteten Tätigkeiten oder Qualifikationen sind als Anlage möglich.

Für die Bewerbungsunterlagen eignet sich ein Deckblatt (vgl. S. 34). Es bietet sich an, die Bewerbungsunterlagen in einer Bewerbungsmappe zusammenzufassen. In dieser Bewerbungsmappe sollte das Bewerbungsschreiben (= Anschreiben) zuerst erscheinen, dann (vielleicht) ein Deckblatt, danach der tabellarische Lebenslauf …

EA

Aufgabe: *Fasse in Stichwörtern zusammen, was im vorangehenden Text über Bewerbungsunterlagen gesagt wird.*

27 Bewerbungsunterlagen (II)

Bei der Erstellung und Zusammenstellung der Bewerbungsunterlagen heißt es, sich (große) Mühe zu geben. Die Bewerbungsunterlagen gilt es, gezielt und sorgfältig zu verfassen.

Gehe in deinem Bewerbungsschreiben darauf ein, warum du dich für den jeweiligen Arbeitsplatz (= z. B. Ausbildungsplatz) bewirbst. Sprich an, über welches Interesse sowie welche Fähigkeiten und Fertigkeiten du dafür verfügst. Der Bewerbungstext sollte verständlich geschrieben sein, außerdem keine Rechtschreib-, Zeichensetzungs- und Grammatikfehler enthalten. Notwendig ist, selbst mehrfach Korrektur zu lesen und Korrektur lesen zu lassen (z. B. durch Bekannte oder Verwandte).

Verwende als Bewerbungsunterlagen unliniertes, weißes bzw. ein wenig getöntes Papier im DIN A4-Format. Das Papier sollte eine Stärke im Bereich von 90-120 g/m² aufweisen, also nicht zu dünn sein. Zu achten ist auch darauf, dass die einzelnen Blätter der Bewerbungsunterlagen keine Flecken aufweisen, sondern sauber und nicht geknickt sind.

Zu bedenken ist: Deine Bewerbungsunterlagen vermitteln einen (ersten) Einblick über dich als Person. Die Bewerbungsunterlagen tragen zumindest dazu bei, ja können darüber entscheiden, ob man am Ende mit seiner Bewerbung Erfolg hat oder nicht.

EA

Aufgabe: a) *Richtig oder falsch? Welche der 10 Aussagen sind richtig, welche sind falsch? Kreuze entsprechend an.*

		Richtig	Falsch
1	Zu den verbindlichen Bewerbungsunterlagen gehören 1 Bewerbungsschreiben und 1 tabellarischer Lebenslauf.		
2	Das Bewerbungsschreiben wird ebenfalls als Anschrift bezeichnet.		
3	Auch ein Lichtbild des Bewerbers müssen die Bewerbungsunterlagen aufweisen.		
4	Das Lichtbild kann auf einem Deckblatt bzw. auf dem tabellarischen Lebenslauf erscheinen.		
5	Nachweise über Schulzeugnisse, Betriebspraktika … sollten nicht als Originale, sondern als Kopien bei der Bewerbung eingereicht werden.		
6	Gehe im Bewerbungsschreiben auf dein berufsbezogenes Interesse, deine Fähigkeiten und Fertigkeiten ein.		
7	Bewerbungstexte gilt es, einmal Korrektur zu lesen.		
8	Angebracht ist, als Bewerbungsunterlagen liniertes Papier (DIN A4-Format) zu verwenden.		
9	Möglichst dünnes Papier ist für die Bewerbungsunterlagen zu nutzen.		
10	Die Bewerbungsunterlagen haben bei den Bewerbungen eine wesentliche Bedeutung.		

b) *Verbessere nun schriftlich die falschen Aussagen auf einem Extrablatt.*

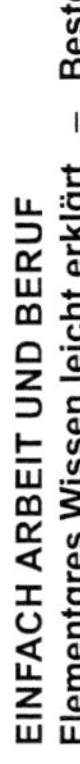

28 Mögliche Vorlage für das Deckblatt einer schriftlichen Bewerbung

EA

Aufgabe: *Fülle das Deckblatt mit deinen Daten oder denen eines Freundes aus.*

Bewerbung als:

____

Lichtbild (event.)

____
(Vorname und Nachname)

____
(Straße und Hausnummer)

____
(Postleitzahl und Ort)

____
(Telefon-Nr. im Festnetz)

____
(Telefon-Nr. mobil)

____
(E-Mail-Adresse)

Inhaltsverzeichnis (= Anlagen):

____

____

____

____

____

____

____

____

EINFACH ARBEIT UND BERUF
Elementares Wissen leicht erklärt – Bestell-Nr. 13 090
KOHL VERLAG

29 Teile des Bewerbungsschreibens

EA

Aufgabe: *Trage die im Kasten genannten 10 Begriffe an der richtigen Stelle ein.*

- Unterschrift
- Absender (Telefon-Nr., E-Mail-Adresse)
- Grußformel
- Bewerbungstext
- Anlagen (Hinweis)
- Überschrift
- (Ort,) Datum
- Empfänger (Anschrift)
- Anrede
- Absender (Anschrift)

1.

3.

2.

4.

5.

6.

7.

8.

9.

10.

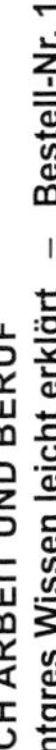

30 Mögliche Vorlage für ein einfaches Bewerbungsschreiben (= Anschreiben)

EA

Aufgabe: *Verfasse auf einem Extrablatt ein eigenes Anschreiben für die Bewerbung um einen Ausbildungsplatz.*
Du kannst diese Vorlage als Orientierung nutzen. Besser ist es, wenn du deine eigenen Formulierungen wählst.

____________________ ____________________

____

____

____

____

____

____

____

Bewerbung

Sehr geehrte(r) ____________________,

ich suche einen ____________________.

Besonders interessiere ich mich für
den Beruf des/der ____________________.

Mein(e) ____________________ meint/meinen, dass ich mich für diesen Beruf eigne.

Ich würde mich über eine Einladung zu einem persönlichen Gespräch freuen.

Mit freundlichen Grüßen

____
(Unterschrift)

______ Anlagen

Lebenslauf (Vorlage)

EA

Aufgabe: *Fülle den Lebenslauf mit deinen Daten oder denen eines Freundes aus.*

Lebenslauf

Vorname(n) und Nachname:

____

Geburtsdatum:

____

Geburtsort und Geburtsland:

____

Staatsangehörigkeit:

____

Familienstand:

____

Anschrift:

____

____

____

Lichtbild (event.)

Schulbesuche (mit Zeitangaben und Abschluss):

____

____

____

Betriebspraktika:

____

____

____

Besondere Kenntnisse, Fähigkeiten:

____

____

____

Hobby(s):

____

____

______________________________ ______________________________

Ort, Datum Unterschrift

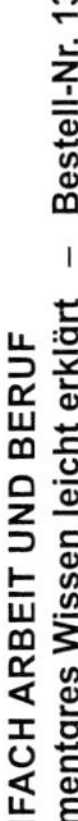
EINFACH ARBEIT UND BERUF
Elementares Wissen leicht erklärt – Bestell-Nr. 13 090

32 Digitale Bewerbungen (I)

Heutzutage kann man sich auch ohne Verwendung von Papier bewerben. Bei digitalen Bewerbungen (= Online-Bewerbungen) handelt es sich um Bewerbungen mit Hilfe des Internets.

Ferner ist möglich, sich per E-Mail zu bewerben. Inhaltlich gibt es keinen Unterschied zwischen einer schriftlichen Bewerbung auf Papier und einer digitalen Bewerbung per E-Mail.

Zur Bewerbung per E-Mail gehören also ebenfalls unbedingt ein Bewerbungsschreiben (= Anschreiben) sowie ein tabellarischer Lebenslauf. Weitere Bewerbungsunterlagen lassen sich als pdf-Datei hinzufügen.

Ferner bietet es sich an, sich digital auf Portalen (Bewerbungsportalen, Jobportalen ...) zu bewerben. Große Unternehmen und Behörden halten im Internet Formulare zur Bewerbung bereit. Der Bewerber kann somit diese Formulare online ausfüllen.

Zunehmend werden digitale Bewerbungen von großen Unternehmen und Behörden gewünscht oder sogar verlangt. Doch relativ viele kleine Unternehmen halten noch daran fest, die herkömmlichen Bewerbungsunterlagen auf Papier zu bekommen.

EA

Aufgabe:

a) *Digitale Bewerbungen – was ist damit gemeint?*

____

b) *Nenne 3 verschiedene Möglichkeiten der digitalen Bewerbung.*

____

____

____

c) *Wodurch unterscheiden sich inhaltlich schriftliche Bewerbungen auf Papier von Bewerbungen per E-Mail?*

____

____

d) *Von wem werden digitale Bewerbungen häufiger erwartet oder sogar verlangt?*

____

e) *Wer bevorzugt noch eher herkömmliche Bewerbungsunterlagen auf Papier?*

____

EINFACH ARBEIT UND BERUF
Elementares Wissen leicht erklärt – Bestell-Nr. 13 090
KOHL VERLAG

33 Digitale Bewerbungen (II)

Das Internet bietet Möglichkeiten, nach Arbeitsplätzen (z. B. Ausbildungsplätzen) zu suchen und sich für diese zu bewerben. Unter anderem gibt es im Internet zahlreiche Bewerbungstipps.

In der Digitalisierung kommt die **K**ünstliche **I**ntelligenz (**KI**) immer mehr zur Anwendung. Inzwischen ist die künstliche Intelligenz – auf Anfrage und nach Erhalten von Vorinformationen – sogar in der Lage, selbst Bewerbungstexte zu schreiben. Die Internet-Plattform Chat GPT, die mit künstlicher Intelligenz arbeitet, bietet u. a. das Verfassen von Bewerbungstexten an.

Hinweis: Chat **GPT** steht englischsprachig für Chat **G**enerative **P**retrained **T**ransformer[1]. Dieses Verfahren ermöglicht Gespräche zwischen Menschen und einem technischen System.

Die Verlockungen sind groß, durch künstliche Intelligenz erstellte Bewerbungstexte zu übernehmen. Doch unbedingte Vorsicht ist geboten. So erstaunlich die schnell gelieferten Bewerbungstexte sein können, es gilt sie sehr gründlich auf etwaige Fehler zu überprüfen. Von Unternehmen und Behörden werden durch künstliche Intelligenz verfasste Bewerbungstexte nicht durchweg gutgeheißen. So besteht z. B. die Gefahr, dass derartige Texte von Unternehmen und Behörden nicht als eigenständige Leistungen des jeweiligen Bewerbers bewertet werden, sondern als Produkt der Bequemlichkeit des Bewerbers angesehen werden.

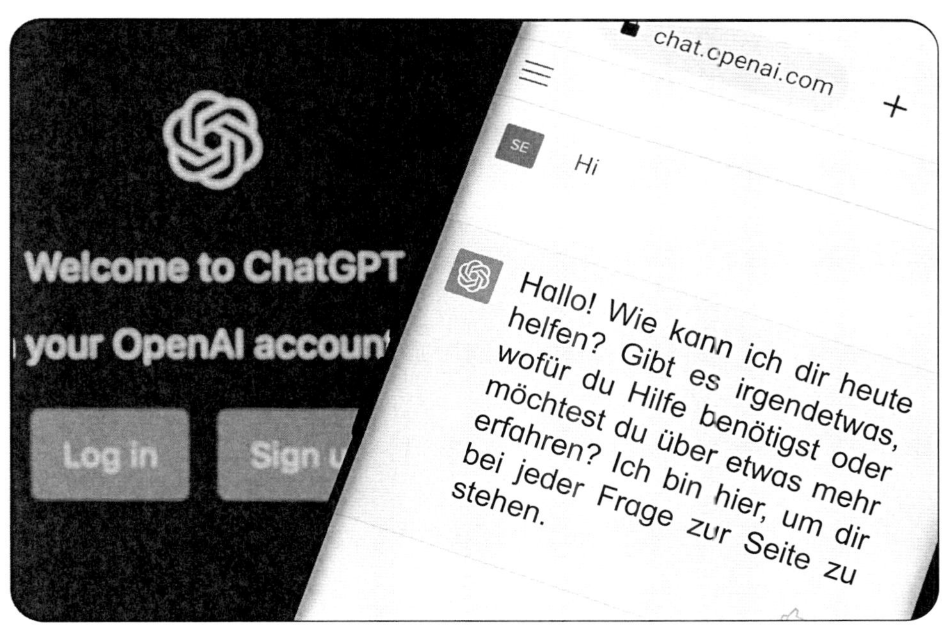

EA

Aufgabe: *Lasse ein dich betreffendes Bewerbungsschreiben (= Anschreiben) durch Chat GPT erstellen. Werte dieses Bewerbungsschreiben aus. Überprüfe es auf etwaige Fehler. Was hältst du von dem durch Chat GPT erstellten Bewerbungsschreiben? Antworte auf einem Extrablatt.*

EINFACH ARBEIT UND BERUF – Elementares Wissen leicht erklärt – Bestell-Nr. 13 090
KOHL VERLAG

[1] *chat* (engl.) = sich unterhalten; *generative* (engl.) = erzeugend; *pretrained* (engl.) = vortrainiert; *transformer* (engl.) = Umwandler

34 Einstellungstests

Oftmals ist es so: Große Unternehmen und Behörden verlangen von Bewerbern die Teilnahme an einem Einstellungstest (= Eignungstest, Bewerbungstest). Das Abschneiden beim Eignungstest trägt dazu bei bzw. entscheidet sogar darüber, ob der jeweilige Bewerber bezogen auf seine Bewerbung eine Zusage oder eine Absage erhält.
Gewöhnlich verwenden die großen Unternehmen sowie Behörden eigene Einstellungstests mit unterschiedlichen Teilen und Schwerpunkten. In den Einstellungstests geht es in der Regel um die Überprüfung von Kenntnissen und Fähigkeiten in den Bereichen:

- Deutsch;
- Mathematik;
- Naturwissenschaften (Biologie, Physik, Chemie);
- Gesellschaftswissenschaften (Geschichte, Geographie, Politik, Wirtschaft);
- Technik;
- logisches Denken;
- Konzentration;
- räumliches Vorstellungsvermögen;
- Gedächtnis;
- ...

EA

Aufgabe: *Der folgende zusammengestellte Test weist als Beispiel 25 Aufgaben (= Fragen) auf, die in Einstellungstests möglicherweise vorkommen. Wie heißen die Antworten zu den Fragen?*

1. Welches andere Wort lässt sich aus den 5 Buchstaben des Wortes ATLAS bilden, wenn man die Buchstaben umstellt? ______________________

2. Wie heißt der Oberbegriff für Fahrrad, Eisenbahnzug, Auto, Schiff, Flugzeug?

____

3. Wie lautet das Gegenteil von tadeln? ______________________

4. Katastrofe – Katastrophe – Kathastrophe – Kataststrophe
Welches der oberen 4 Wörter ist richtig geschrieben? ______________________

5. Ole ist 4 Jahre älter als seine Schwester Lisa. Lisa ist 30 Jahre jünger als ihre 35 Jahre alte Mutter. Wie alt ist Ole? ______________________

6. 2 geteilt durch 3 = 8 geteilt durch? ______________________

7. Wie viel Prozent sind 240 von 320? ______________________

8. Welcher geometrische Körper ergibt sich, wenn eine Kathete eines rechtwinkligen Dreiecks ganz um sich selbst gedreht wird? ______________________

9. Etwa wie viele km legt das Licht in einer Sekunde zurück?

____

KOHL VERLAG – EINFACH ARBEIT UND BERUF
Elementares Wissen leicht erklärt – Bestell-Nr. 13 090

34 Einstellungstests

EA

Aufgabe: *Fortsetzung*

10. Elektrische Spannung, elektrische Stromstärke, elektrischer Widerstand oder elektrische Leistung – wofür ist Ampere die Maßeinheit?

11. Wieso können Heißluftballons fliegen?

12. Wie heißt die chemische Formel für Kohlen(stoff)dioxid?

13. Wasserstoff, Kohlenstoff, Kunststoff, Stickstoff, Sauerstoff – welcher der genannten Begriffe passt nicht zu den anderen?

14. Welches Organ des Menschen wird auch als „chemisches Labor" bezeichnet?

15. Wo im Computer sind die Daten gespeichert?

16. 753 v. Chr. – 0 – 1 – 1789 – 1888: Welches der genannten Jahre hat es in der Zeitrechnung nicht gegeben?

17. Das Wort Demokratie heißt aus dem Griechischen übersetzt so viel wie?

18. In der Gewaltenteilung von demokratischen Staaten wird unterschieden zwischen der gesetzgebenden Gewalt, ausführenden Gewalt und?

19. Welche Versammlung wählt in der Bundesrepublik Deutschland den Bundespräsidenten?

20. Die Erde dreht sich nicht nur um sich selbst, sondern auch um?

21. Auf welchem Erdteil ist es am kältesten?

22. Asien, Amerika, Afrika, China, Europa: Welcher Name in der oberen Reihe passt nicht zu den anderen?

23. Wie wird die Wirtschaftsordnung der Bundesrepublik Deutschland genannt?

24. Was wird kurz gesagt unter einer Inflation verstanden?

25. Wofür steht die Abkürzung MwSt.?

EINFACH ARBEIT UND BERUF
Elementares Wissen leicht erklärt – Bestell-Nr. 13 090

35 Vorstellungsgespräche (I)

Grundsätzlich bestehen 2 Möglichkeiten, dass es zu einem Vorstellungsgespräch (= Bewerbungsgespräch) kommt. Zum einen können Bewerber von sich aus bei Unternehmen oder Behörden um ein Vorstellungsgespräch bitten. Oder die Bewerber werden von Unternehmen bzw. Behörden zu einem Vorstellungsgespräch eingeladen, wenn die Bewerbungsunterlagen der Bewerber vorliegen und ausgewertet worden sind.

In jedem Fall sollten sich die Bewerber intensiv auf Vorstellungsgespräche vorbereiten. Zur Vorbereitung gehört, sich genau über das jeweilige Unternehmen bzw. die betreffende Behörde sowie dort zu besetzende Arbeitsplätze zu informieren. Im Weiteren gilt es, sich mit Fragen zu befassen, die den Bewerbern im Vorstellungsgespräch (höchst)wahrscheinlich gestellt werden. Auf solche Fragen sollte man sich geeignete Antworten überlegen. Zudem sollten sich die Bewerber passende Fragen zurechtlegen, die im jeweiligen Vorstellungsgespräch geäußert werden können.

Zu empfehlen ist Bewerbern, den Ablauf von Vorstellungsgesprächen im Voraus zusammen mit einer oder mehreren Personen (Bekannten bzw. Verwandten) in Form von Rollenspielen zu üben. Je besser Bewerber auf Vorstellungsgespräche vorbereitet sind, desto größer sind ihre Chancen, eine Arbeitsstelle zu bekommen.

EA

Aufgabe: *Wie wirst du dich auf mögliche Vorstellungsgespräche vorbereiten? Beschreibe deine Vorbereitungen.*

____

____

____

____

____

____

____

____

____

____

____

____

KOHL VERLAG Lernen mit Erfolg
EINFACH ARBEIT UND BERUF
Elementares Wissen leicht erklärt – Bestell-Nr. 13 090

36 Auf Fragen im Vorstellungsgespräch antworten

EA

Aufgabe: *Dir werden im Vorstellungsgespräch z. B. folgende Fragen gestellt. Was antwortest du jeweils?*

1. Guten Tag! … Wie geht es Ihnen?

2. Sind Sie (sehr) aufgeregt?

3. Was wissen Sie bis jetzt über die Arbeitsstelle, um die Sie sich bewerben?

4. Warum bewerben Sie sich gerade um diese Stelle?

5. Was können Sie? Was sind Ihre Stärken?

6. Welche Schulbildung haben Sie?

7. Sind Sie gern zur Schule gegangen?

8. Welche Lieblingsfächer hatten Sie in der Schule?

9. Welche Schulfächer mochten Sie nicht?

10. Was haben Sie in der Schule für das Leben gelernt?

36 Auf Fragen im Vorstellungsgespräch antworten

EA

Aufgabe: *Fortsetzung*

11. Wo leben Sie zur Zeit?

12. Was machen Sie in Ihrer Freizeit?

13. Was haben Sie bisher beruflich gemacht?

14. Was können Sie nicht? Was sind Ihre Schwächen?

15. Haben Sie dauerhaft ein körperliches Leiden?

16. Wie belastbar und flexibel (= anpassungsfähig) sind Sie?

17. Wie oft waren Sie im letzten Jahr krank?

18. Warum sollten wir unbedingt Sie einstellen?

19. Wie viel Geld stellen Sie sich vor zu bekommen?

20. Haben Sie selbst (noch) Fragen?

KOHL VERLAG
EINFACH ARBEIT UND BERUF
Elementares Wissen leicht erklärt – Bestell-Nr. 13 090

37 Selbst Fragen im Vorstellungsgespräch stellen

Wer geschickt fragt, gewinnt!

Im Vorstellungsgespräch empfiehlt sich für den, der sich vorstellt, nicht nur auf Fragen zu antworten, sondern auch selbst gezielt Fragen zu stellen. Damit unterstreichst du dein (besonderes) Interesse an der Arbeit vor Ort.

Mögliche Fragen (Beispiele):	**Manche Fragen solltest du aber vermeiden!** Du solltest z. B. <u>nicht</u> (zumindest nicht sofort) fragen:
Wann ist morgens Arbeitsbeginn? Seit wann gibt es den Betrieb? Wie viele Personen arbeiten in dem Betrieb?	Wie viel Geld verdiene ich? Bekomme ich nun die Stelle? Wann erhalte ich Urlaub?

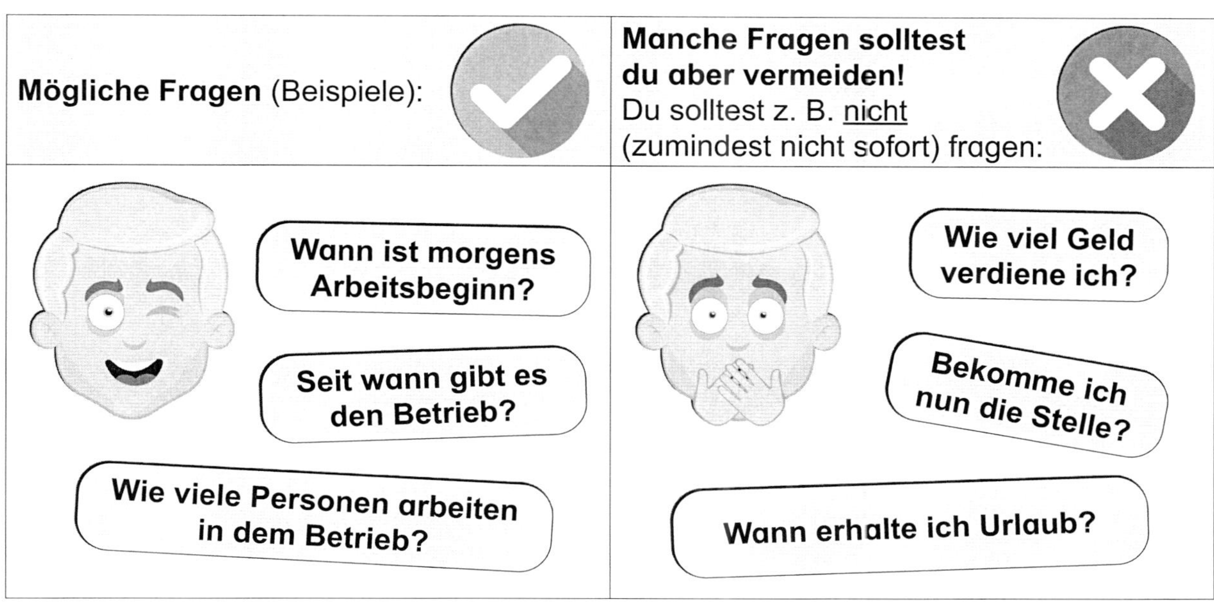

EA

Aufgabe: *Überlege dir selbstständig sinnvolle Fragen für das Vorstellungsgespräch.*

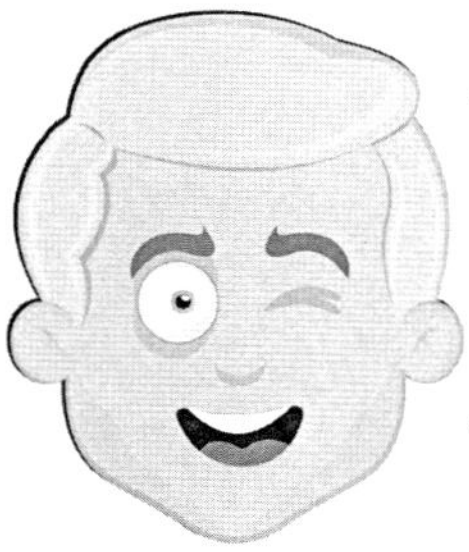

KOHL VERLAG
EINFACH ARBEIT UND BERUF
Elementares Wissen leicht erklärt – Bestell-Nr. 13 090

38 Vorstellungsgespräche (II)

Selbstverständlich gilt es, zu den Vorstellungsgesprächen pünktlich zu erscheinen (am besten 5 Minuten vor der jeweiligen Zeit). Bewerber sollten ihre Bewerbungsunterlagen bei Vorstellungsgesprächen dabeihaben. Weitere Gebote für Bewerber bei Vorstellungsgesprächen sind:

- Komme zu Vorstellungsgesprächen in sauberer, passender Kleidung!
- Sei freundlich und höflich, trete nicht überheblich auf!
- Suche den Blick zum Gesprächspartner/zu den Gesprächspartnern, gucke also nicht weg!
- Lasse deine(n) Gesprächspartner ausreden, unterbrich ihn/sie nicht!
- Wenn du an der Reihe bist, sprich deutlich in vollständigen Sätzen!
- Frage nach, wenn du etwas nicht verstanden hast!
- Gehe auf die dir gestellten Fragen möglichst genau ein, nicht herumreden!
- Täusche nicht etwas vor, was nicht den Tatsachen entspricht!
- Versuche nicht, (etwaige) Nervosität zu überspielen!
- Vergiss nicht, vorbereitete Fragen zu stellen!
- Zum Schluss des Vorstellungsgespräches kannst du z. B. fragen, wie (groß) deine Chancen sind den Arbeitsplatz zu bekommen, und wann (etwa) du eine endgültige Mitteilung (Zusage bzw. Absage) bekommst.

EA

Aufgabe: *Decke den oberen Teil der Seite mit einem Blatt Papier ab und versuche aus dem Gedächtnis in Stichwörtern aufzuschreiben, welche Gebote du noch weisst.*

EINFACH ARBEIT UND BERUF Elementares Wissen leicht erklärt – Bestell-Nr. 13 090
KOHL VERLAG

39 Die Absage

Der Briefträger bringt Post. Jasmin kriegt keine gute Nachricht. Das Mädchen erhält für eine Bewerbung eine Absage. Es gibt viele Gründe, warum man als Bewerber um eine Arbeitsstelle eine Absage bekommen kann.

EA

Aufgabe: a) *Hier werden 10 Gründe genannt. Ergänze die fehlenden Wörter. Unten findest du eine Lösungshilfe.*

1. Die Bewerbungsunterlagen enthalten zu viele ____________________.
2. Die schriftliche Bewerbung ist zu unpersönlich ____________________.
3. Das Schulzeugnis ist nicht ____________________.
4. Jasmin besitzt nicht den Schulabschluss, der für die Arbeitsstelle ______________________________ ist.
5. Das Mädchen hat keine oder zu wenig berufliche ____________________.
6. Die in der Stellenanzeige genannten Erwartungen des Arbeitgebers hat Jasmin nicht ____________________.
7. Andere Bewerber ____________________ sich für die Arbeitsstelle besser.
8. Jasmin hat sich nicht genügend auf das Vorstellungsgespräch ____________________.
9. Im Vorstellungsgespräch ist Jasmin viel zu ____________________ gewesen.
10. Jasmins Leistungen in den schriftlichen ____________________ sind zu schwach gewesen.

b) *Welche weiteren möglichen Gründe fallen dir noch ein?*

____

____

____

____

____

____

Lösungshilfe (Einsetzbare Wörter in alphabetischer Reihenfolge):

eignen – Eignungstests – Erfahrungen – erforderlich – erfüllt – Fehler –
gut genug – unkonzentriert – verfasst – vorbereitet

EINFACH ARBEIT UND BERUF
Elementares Wissen leicht erklärt – Bestell-Nr. 13 090
KOHL VERLAG

40 Umgang mit Absagen bei Bewerbungen

Wer sich beworben hat, kann eine Absage bekommen. Bei mehreren Bewerbungen sind auch jeweils Absagen möglich.

Durch erhaltene Absagen darf man sich nicht entmutigen lassen. Nicht verzweifeln, so schwierig es sein mag! Wer auf eine oder sogar mehrere Bewerbungen Absagen bekommen hat, sollte sich die Frage nach dem Grund bzw. nach den Gründen dafür stellen. Bei den jeweiligen Unternehmen bzw. Behörden, von denen man eine Absage erhalten hat, kann man versuchen, (näher) nachzufragen, woran es bei der Bewerbung gelegen hat.

In jedem Fall gilt es, aus Absagen zu lernen und ganz gezielt seine zukünftigen Bewerbungen zu verbessern. Empfehlenswert ist, sich verstärkt beraten zu lassen, z. B. von einem Berufsberater der Bundesagentur für Arbeit.

Sich erfolgreich bewerben erfordert u. a. Anstrengungen und Sorgfalt, ist kein „Selbstgänger". Hieran führt kein Weg vorbei. Mit besserer Vorbereitung und Durchführung von Bewerbungen als bisher steigt die Wahrscheinlichkeit, einen gewünschten Arbeitsplatz oder Ausbildungsplatz zu bekommen. Denke auch daran: Im Leben der einzelnen Menschen kommen gewöhnlich Misserfolge, aber auch Erfolge vor. Sie wechseln sich oftmals ab.

EA **Aufgabe**: *Wie sollte man bei Bewerbungen mit Absagen umgehen? Was lässt sich tun? Formuliere eigene Sätze.*

KOHL VERLAG EINFACH ARBEIT UND BERUF Elementares Wissen leicht erklärt – Bestell-Nr. 13 090

41 Erlernen von Berufen

Niemand kann (genau) sagen, wie viele Berufe es gibt. Angeblich sollen über 30.000 verschiedene Berufsbezeichnungen vorkommen.

Berufe gilt es zu erlernen. In Deutschland bestehen derzeit über 300 staatlich anerkannte Ausbildungsberufe. Bei rund 130 der staatlich anerkannten Ausbildungsberufe handelt es sich um Handwerksberufe. Beispiele für Handwerksberufe sind Zimmermann/Zimmerfrau, Bäcker/Bäckerin, Automechaniker/Automechanikerin.

Demgegenüber muss man für so manche anderen Berufe studieren. Zu den sogenannten Studienberufen gehören u. a. Architekt/Architektin, Jurist/Juristin, Journalist/Journalistin.

Die Studienzeiten für Berufe dauern länger als die Ausbildungszeiten in den staatlich anerkannten Ausbildungsberufen. Das jeweilige Studium stellt normalerweise noch höhere Anforderungen als eine Ausbildung.

EA

Aufgabe: *Unterstreiche im vorherigen Text das Wichtigste. Fasse danach das Wichtigste des Textes in 5 oder 6 eigenen Sätzen zusammen.*

____

____

____

____

____

____

____

____

____

____

____

KOHL VERLAG
EINFACH ARBEIT UND BERUF
Elementares Wissen leicht erklärt – Bestell-Nr. 13 090

42 10 Fragen und 10 Antworten zur dualen Ausbildung

EA

Aufgabe: *Verbinde jede Frage mit der richtigen Antwort, indem du die Nr. der Frage vor die Antwort schreibst. Die Buchstaben rechts ergeben dann richtig geordnet ein Lösungswort: __ __ __ __ __ __ __ __ __ __*

Nr.	Frage
1	Was heißt das aus der lateinischen Sprache stammende Wort dual übersetzt?
2	An welchem Lernort findet in der dualen Ausbildung die Praxis statt?
3	Wo erfolgt in der dualen Ausbildung die Theorie?
4	Wie häufig gibt es normalerweise Berufsschulunterricht für die Auszubildenden?
5	Wie lange dauert die duale Ausbildung für die Auszubildenden?
6	Unter welchen Voraussetzungen kann die Ausbildung für die Auszubildenden verkürzt werden?
7	Wie lange beträgt die vorgeschriebene Probezeit in der Ausbildung?
8	Etwa wie viele staatlich anerkannte Ausbildungsberufe werden in Deutschland zum Erlernen im Rahmen der dualen Ausbildung derzeit angeboten?
9	Wozu wird ein Auszubildender ernannt, der eine duale Ausbildung in einem Handwerksberuf erfolgreich abschließt?
10	Wie wurden Auszubildende (= Azubis) früher bezeichnet?

Nr.	Antwort	
	zum Gesellen	H
	mindestens 1 Monat, höchstens 4 Monate	W
	je nach Bedarf 2 bis 3,5 Jahre	F
	Lehrlinge	L
	325 staatlich anerkannte Ausbildungsberufe	A
	zweifach	B
	an 1 oder 2 Tagen je Woche bzw. in Blockform (= durchgehend mehrere Wochen)	U
	bei höherem Schulabschluss des Auszubildenden bzw. dessen (sehr) guten Leistungen	S
	in der jeweiligen Berufsschule	R
	im jeweiligen Betrieb	E

EINFACH ARBEIT UND BERUF
Elementares Wissen leicht erklärt – Bestell-Nr. 13 090

Rechte der Auszubildenden

EA

Aufgabe: a) *Verbinde jeden Satzanfang mit dem richtigen Satzende, indem du die Nr. des Satzanfangs vor jedes Satzende schreibst. Die Buchstaben rechts ergeben richtig geordnet ein Lösungswort:*

__ __ __ __ __ __ __ __ __ __

Nr.	Satzanfang
1	Auszubildende (= Azubis) haben ein
2	Durch den Ausbildungsbetrieb muss den
3	Die Azubis dürfen Aufgaben ablehnen,
4	Ausbildungs-, Arbeitsmittel (Werkzeuge, Werkstoffe ...) müssen den Auszubildenden
5	Ein Anrecht haben die Auszubildenden darauf, dass
6	Zudem haben Auszubildende zur Erholung
7	Den Auszubildenden steht je Monat eine Ausbildungsvergütung
8	Seit dem Jahr 2020 gilt in Deutschland
9	Im Weiteren besitzen auch Auszubildende das Recht,
10	Bei der Beendigung des Ausbildungsverhältnisses muss dem jeweiligen

Nr.	Satzende	
	ein Mindestlohn für Auszubildende.	U
	einen Anspruch auf Urlaub.	E
	Auszubildenden ein Arbeitszeugnis durch den Ausbildungsbetrieb ausgehändigt werden.	G
	Recht auf einen Arbeitsvertrag.	V
	das Ausbildungsverhältnis zu kündigen.	N
	kostenlos bereitgestellt werden.	G
	Auszubildenden eine vernünftige Ausbildung geboten werden.	E
	die nicht Bestandteil der Ausbildung sind.	R
	in festgelegter Höhe zu.	T
	ihnen gesetzlich vorgeschriebene Arbeitszeiten und Arbeitspausen gewährt werden.	U

b) *Schreibe nun die 10 Sätze in der vorgegebenen Reihenfolge vollständig auf ein Extrablatt.*

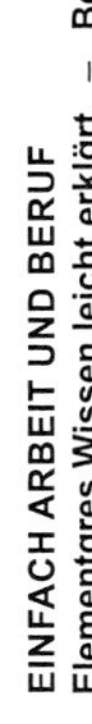

EINFACH ARBEIT UND BERUF
Elementares Wissen leicht erklärt – Bestell-Nr. 13 090

44 Pflichten der Auszubildenden

Nicht nur Rechte haben die Auszubildenden (= Azubis), sondern sie haben auch Pflichten zu erfüllen.

EA

Aufgabe: *Unten sind zehn Pflichten aufgeführt, welche die Auszubildenden zu erfüllen haben. Bei jeder der Pflichten muss noch ein Nomen (= Hauptwort) aus dem Kasten eingefügt werden.*

Abständen – Aufgaben – Berufsschule – Bescheinigungen – Betriebsgeheimnisse – Betriebsordnung – Fernbleiben – Fertigkeiten – Weisungen – Werkzeuge

1. ________________________ befolgen, soweit sie mit der Ausbildung zu tun haben;
2. regelmäßig und pünktlich zur Arbeit im Ausbildungsbetrieb und in der ________________________ kommen;
3. übertragene ________________________ sorgfältig erledigen;
4. bei der Erledigung von Aufgaben ________________________, Maschinen etc. pfleglich behandeln;
5. ________________________ einhalten;
6. lernmotiviert sein, um sich Kenntnisse sowie ________________________ anzueignen;
7. Berichtsheft ordentlich führen und in bestimmten zeitlichen ________________________ vorlegen;
8. ________________________ vom Ausbildungsbetrieb bzw. von der Berufsschule (aufgrund von Arbeitsunfähigkeit) umgehend mitteilen;
9. verlangte Nachweise (z. B. ärztliche ________________________) vorlegen;
10. ________________________ für sich behalten und diese nicht weitergeben.

EINFACH ARBEIT UND BERUF
Elementares Wissen leicht erklärt – Bestell-Nr. 13 090
KOHL VERLAG

Test II: Das kann ich sagen zu den Themen …

1. Bewerbungen und Bewerbungsunterlagen:
2. Einstellungstests:
3. Vorstellungsgespräche:
4. Umgang mit Absagen bei Bewerbungen:
5. Erlernen von Berufen, duale Ausbildung:

EINFACH ARBEIT UND BERUF
Elementares Wissen leicht erklärt – Bestell-Nr. 13 090
KOHL VERLAG

Lösungen

1 Was ist Arbeit?

Aufgabe 1:

1. Gegenteil;
2. Vergnügen;
3. Arbeit;
4. Leistung;
5. Mühe;
6. Erwerbstätigkeit;
7. Geld;
8. Lebensunterhalt;
9. ehrenamtlich;
10. Sinn

Aufgabe 2: a-e) individuelle Lösungen

2 Bestimmungen in Deutschland für die Kinderarbeit

Aufgabe:

1. 14 Jahre
2. 12 Jahre
3. 2 Stunden, in landwirtschaftlichen Betrieben 3 Stunden
4. leichte Tätigkeiten
5. Prospekte verteilen, auf Haustiere aufpassen, babysitten …
6. 6 bis 18 Uhr
7. 5 Tage
8. an Samstagen (= Sonnabenden), Sonntagen und Feiertagen
9. Erlaubnis der Eltern
10. vor und während der Zeit des Unterrichts

3 Bestimmungen in Deutschland für die Arbeit von Jugendlichen

Aufgabe: individuelle Lösungen

4 Berufe

Aufgabe:

a) HANDWERKER

b)
1. Wer einen Beruf ausübt, der arbeitet.
2. In ihren Berufen arbeiten die meisten Berufstätigen einen (sehr) langen Zeitraum.
3. Die Berufstätigen leisten Arbeit, für die sie gewöhnlich je Monat Geld (= Verdienst) bekommen.
4. Die einen Berufe erfordern vor allem körperliche Tätigkeiten.
5. Besonders auf geistiges Arbeiten kommt es dagegen in anderen Berufen an.
6. So manche Berufe lassen sich durch jeweils eine Ausbildung erlernen.
7. Um eine Berufsausbildung erfolgreich abzuschließen, muss man Prüfungen bestehen.
8. Für die Ausübung bestimmter Berufe (Arzt, Lehrer …) ist sogar ein erfolgreiches Studium die Voraussetzung.
9. In Deutschland besteht das Grundrecht der freien Berufswahl.
10. Das heißt du kannst selbst entscheiden, welchen Beruf du ergreifen möchtest.

5 Berufe und Jobs

Aufgabe: individuelle Lösungen

6 Arbeitgeber und Arbeitnehmer

Aufgabe: Lösungsbeispiel:

Arbeitgeber beschäftigen Arbeitnehmer. Für die geleistete Arbeit erhalten die Arbeitnehmer Geld von den Arbeitgebern. Zu den Arbeitgebern gehören Unternehmen, Behörden, Organisationen etc. Als Arbeitnehmer gelten u. a. Arbeiter, Angestellte, Auszubildende.

In Arbeitgeberverbänden sind Arbeitgeber freiwillig zusammengeschlossen. Arbeitgeberverbände sind die Interessenvertretungen von Arbeitgebern. Der Arbeitgeberverband der Metall- und Elektroindustrie sowie die Arbeitgebervereinigung Nahrung und Genuss sind 2 Beispiele für Arbeitgeberverbände in Deutschland.

Arbeitnehmer haben sich organisiert in Gewerkschaften. Die Gewerkschaften vertreten die Interessen von Arbeitnehmern. Eine Gewerkschaft z. B. heißt Industriegewerkschaft Metall, eine andere Gewerkschaft nennt sich Nahrung-Genuss-Gaststätten.

Zwischen Arbeitgeberverbänden und Gewerkschaften finden Verhandlungen statt über die Bezahlung der Arbeit, Arbeitsbedingungen …

Lösungen

7 **Verhalten in der Arbeits- und Berufswelt**

Aufgabe:
- **a)** Pünktlichkeit, Freundlichkeit, Leistungsbereitschaft, Ehrlichkeit, Zuverlässigkeit
- **b)** alle Vorschriften, die in einem Unternehmen bzw. Betrieb gültig sind
- **c)** zu Beginn der Arbeitszeit am 1.Tag des Fehlens
- **d)** eine ärztliche Arbeitsunfähigkeitsbescheinigung
- **e)** falls die Arbeitsunfähigkeit mehr als 3 Tage lang besteht
- **f)** Abmahnungen, eventuell die Entlassung aus dem Arbeitsverhältnis (= Kündigung des Arbeitsverhältnisses) durch den jeweiligen Arbeitgeber

8 **Einige Begriffe zum Thema Arbeit**

Aufgabe: **1.** Vollzeitarbeit; **2.** Teilzeitarbeit; **3.** Schichtarbeit; **4.** Gleitzeitarbeit; **5.** Kurzarbeit; **6.** Akkordarbeit; **7.** Zeitarbeit; **8.** Heimarbeit; **9.** Teamarbeit; **10.** Schwarzarbeit

9 **Arbeitsverträge**

Aufgabe: individuelle Lösungen

10 **20 Berufe gesucht**

Aufgabe:
1. Putzfrau;
2. Automechatroniker;
3. Polizist;
4. Maurer;
5. Frisörin;
6. Gärtner;
7. Koch;
8. Ärztin;
9. Tischler;
10. Konditorin;
11. Maler;
12. Verkäuferin;
13. Glaser;
14. Kellnerin;
15. Sekretärin;
16. Bäcker;
17. Kinderkrankenschwester;
18. Landwirt;
19. Uhrmacherin;
20. Schneiderin

11 **Welche Berufstätige tun was?**

Aufgabe 1:
1. Landwirte/Landwirtinnen
2. Gärtner/Gärtnerinnen
3. Tischler/Tischlerinnen
4. Maurer/Maurerinnen
5. Maler/Malerinnen
6. Glaser/Glaserinnen
7. Elektriker/Elektrikerinnen
8. Bäcker/Bäckerinnen
9. Köche/Köchinnen
10. Frisöre/Frisörinnen
11. Altenpfleger/Altenpflegerinnen
12. Ärzte/Ärztinnen
13. Apotheker/Apothekerinnen
14. Modedesigner/Modedesignerinnen
15. Zweiradmechaniker/Zweiradmechanikerinnen
16. Polizisten/Polizistinnen
17. Sekretäre/Sekretärinnen
18. Buchhalter/Buchhalterinnen
19. Lehrer/Lehrerinnen
20. Architekten/Architektinnen
21. Finanzbeamte/Finanzbeamtinnen
22. Journalisten/Journalistinnen
23. Informatiker/Informatikerinnen
24. Rechtsanwälte/Rechtsanwältinnen

Aufgabe 2: individuelle Lösungen

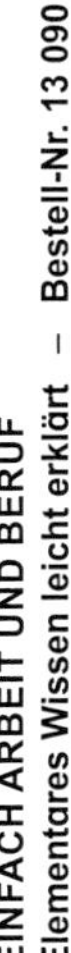

Lösungen

12 Berufsfelder

Aufgabe: Lösungsbeispiele:

1	Bau, Architektur, Vermessung	Maurer/Maurerin, Dachdecker/Dachdeckerin, Vermessungstechniker/Vermessungstechnikerin
2	Dienstleistungen	Gebäudereiniger/Gebäudereinigerin, Frisör/Frisörin, Telefonist/Telefonistin
3	Elektro	Elektriker/Elektrikerin, Elektroniker/Elektronikerin, Mechatroniker/Mechatronikerin
4	Gesundheit	Krankenpfleger/Krankenpflegerin, Rettungssanitäter/Rettungssanitäterin, Ergotherapeut/Ergotherapeutin
5	IT, Computer	Gamedesigner/Gamedesignerin, Fachinformatiker/Fachinformatikerin, Softwareentwickler/Softwareentwicklerin
6	Kunst, Kultur, Gestaltung	Goldschmied/Goldschmiedin, Musiker/Musikerin, Schauspieler/Schauspielerin
7	Landwirtschaft, Natur, Umwelt	Landwirt/Landwirtin, Gärtner/Gärtnerin, Pferdewirt/Pferdewirtin
8	Medien	Mediengestalter/Mediengestalterin, Fotograf/Fotografin, Buchhändler/Buchhändlerin
9	Metall, Maschinenbau	Metallbauer/Metallbauerin, Klempner/Klempnerin, Industriemechaniker/Industriemechanikerin
10	Naturwissen-schaften	Chemielaborant/Chemielaborantin, Pharmakant/Pharmakantin, Biologielaborant/Biologielaborantin
11	Produktion, Fertigung	Fahrzeuglackierer/Fahrzeuglackiererin, Tischler/Tischlerin, Bäcker/Bäckerin
12	Soziales, Pädagogik	Erzieher/Erzieherin, Sportlehrer/Sportlehrerin, Kinderpfleger/Kinderpflegerin
13	Technik, Technologie-felder	Werkstoffprüfer/Werkstoffprüferin, Kfz-Mechatroniker/Kfz-Mechatronikerin, Fahrradmonteur/Fahrradmonteurin
14	Verkehr, Logistik	Automobilkaufmann/Automobilkauffrau, Lagerist/Lageristin, Berufskraftfahrer/Berufskraftfahrerin
15	Wirtschaft, Verwaltung	Bankkaufmann/Bankkauffrau, Steuerfachangestellter/Steuerfachangestellte, Verkäufer/Verkäuferin

13 Die Bundesagentur für Arbeit

Aufgabe:

1. Bundesagentur für Arbeit;
2. Latein;
3. Arbeitsamt;
4. in der süddeutschen Stadt Nürnberg;
5. viele Nebenstellen (= Agenturen für Arbeit);
6. bei der Berufsfindung;
7. beruflich eingliedern;
8. Die arbeitslos gewordenen Menschen haben zuvor während ihrer Erwerbstätigkeit zumindest eine gewisse Zeit lang Beiträge für die Arbeitslosenversicherung gezahlt.
9. Kindergeld;
10. bedürftige Menschen

14 Das kann ich über mich sagen

Aufgabe: individuelle Lösungen

15 Allgemeine Fertigkeiten

Aufgabe: individuelle Lösungen

16 Fachliche Fertigkeiten

Aufgabe: individuelle Lösungen

Lösungen

17 **3 Aussagen**

Aufgabe: individuelle Lösungen

18 **Vom Traumberuf zum wirklichen Beruf**

Aufgabe:
a) 6, 3, 5, 2, 10, 1, 7, 9, 8, 4

b)
1. Manche Heranwachsende träumen von einem Beruf (= Traumberuf), in dem sie jeweils (sehr) viel Geld verdienen.
2. Sie denken z. B. daran, beruflich Sänger, Model, Fußballprofi oder Influencer zu werden.
3. Doch Träume erfüllen sich oft im wirklichen Leben nicht.
4. Deshalb sollte man bei der Berufssuche realistisch sein und nicht überzogene Vorstellungen haben.
5. Gehe bei der Berufssuche von deinen Interessen aus.
6. Mit den Interessen allein ist es aber nicht getan.
7. Es kommt (auch) darauf an, ob du dich für den angestrebten Beruf tatsächlich eignest.
8. Eine gründliche Information über den Wunschberuf ist unbedingt erforderlich.
9. Wäge dann die Vorteile und Nachteile des jeweiligen Berufes miteinander ab.
10. Lege dich nicht (von vornherein) auf einen ganz bestimmten Berufswunsch fest, sondern ziehe bei der Berufssuche ebenfalls einen oder zwei andere Berufe in Betracht.

19 **Berufssuche, Berufsberatung**

Aufgabe: individuelle Lösungen

20 **Betriebspraktika**

Aufgabe:
1. In;
2. Die;
3. Man;
4. Unter;
5. Arbeitgeber;
6. Durch;
7. Während;
8. Einen;
9. Helfen;
10. Wer

21 **Bewerbung um einen Betriebspraktikumsplatz (Vorlage)**

Aufgabe: individuelle Lösungen

22 **Kurzbericht über mein Betriebspraktikum**

Aufgabe: individuelle Lösungen

23 **Nichtkönnen und Können – Berufswahl**

Aufgabe 1+2: individuelle Lösungen

24 **Test I: Das kann ich sagen zu den Themen …**

1. bis 5. individuelle Lösungen

25 **Bewerbungen (Einführung)**

Aufgabe:
1. bekommen;
2. richten;
3. bewirbst;
4. bewerben;
5. spielt;
6. überzeugen;
7. empfehlen;
8. vorstellen;
9. gilt;
10. entscheidet

26 **Bewerbungsunterlagen (I)**

Aufgabe: individuelle Lösungen

Lösungen

27 Bewerbungsunterlagen (II)

Aufgabe:

a) Richtig sind: 1.; 4.; 5.; 6.; 10.

b)
- **2.** Das Bewerbungsschreiben wird ebenfalls als Anschreiben bezeichnet.
- **3.** Die Bewerbungsunterlagen müssen heutzutage kein Lichtbild aufweisen, ein solches ist aber empfehlenswert.
- **7.** Bewerbungstexte gilt es, mehrfach Korrektur zu lesen.
- **8.** Angebracht ist, als Bewerbungsunterlagen unliniertes Papier (DIN A4-Format) zu verwenden.
- **9.** Für die Bewerbungsunterlagen sollte man kein zu dünnes Papier verwenden, sondern Papier mit einer Stärke im Bereich von 90-120 g/m².

28 Mögliche Vorlage für das Deckblatt einer schriftlichen Bewerbung

Aufgabe: individuelle Lösungen

29 Teile des Bewerbungsschreibens

Aufgabe:

1. Absender (Anschrift);
2. Absender (Telefon-Nr., E-Mail-Adresse);
3. (Ort,) Datum;
4. Empfänger (Anschrift);
5. Überschrift;
6. Anrede;
7. Bewerbungstext;
8. Grußformel;
9. Unterschrift;
10. Anlagen (Hinweis)

30 Mögliche Vorlage für ein einfaches Bewerbungsschreiben (= Anschreiben)

Aufgabe: individuelle Lösungen

31 Lebenslauf (Vorlage)

Aufgabe: individuelle Lösungen

32 Digitale Bewerbungen (I)

Aufgabe:

a) Bewerbungen mit Hilfe des Internets

b)
1. Bewerbung per E-Mail;
2. Bewerbung auf Portalen (z. B. Bewerbungsportalen);
3. im Internet bei großen Unternehmen und Behörden durch Ausfüllen von Formularen ...

c) Inhaltlich bestehen keine Unterschiede zwischen schriftlichen Bewerbungen auf Papier und Bewerbungen per E-Mail.

d) von großen Unternehmen und Behörden

e) kleine Unternehmen

33 Digitale Bewerbungen (II)

Aufgabe: individuelle Lösungen

34 Einstellungstests

Aufgabe:

1. SALAT
2. Verkehrsmittel
3. loben
4. Katastrophe
5. 9 Jahre
6. 12
7. 75 %
8. ein Kegel
9. fast 300.000 km
10. für die elektrische Stromstärke
11. Heiße Luft dehnt sich aus und steigt nach oben.
12. CO_2
13. Kunststoff ist kein Element.
14. die Leber
15. auf der Festplatte
16. 0

Lösungen

34 **Einstellungstests**
Aufgabe: *Fortsetzung*
17. Volksherrschaft
18. richterlichen Gewalt
19. die Bundesversammlung
20. unsere Sonne
21. Antarktika
22. China; China ist kein Erdteil, sondern ein Staat.
23. soziale Marktwirtschaft
24. eine Geldentwertung
25. für Mehrwertsteuer

35 **Vorstellungsgespräche (I)**
Aufgabe: individuelle Lösungen

36 **Auf Fragen im Vorstellungsgespräch antworten**
Aufgabe: individuelle Lösungen

37 **Selbst Fragen im Vorstellungsgespräch stellen**
Aufgabe: individuelle Lösungen

38 **Vorstellungsgespräche (II)**
Aufgabe: individuelle Lösungen

39 **Die Absage**
Aufgabe:
a) **1.** Fehler; **2.** verfasst;
3. gut genug; **4.** erforderlich;
5. Erfahrungen; **6.** erfüllt;
7. eignen; **8.** vorbereitet;
9. unkonzentriert; **10.** Eignungstests
b) individuelle Lösungen

40 **Umgang mit Absagen bei Bewerbungen**
Aufgabe: individuelle Lösungen

41 **Erlernen von Berufen**
Aufgabe: individuelle Lösungen

42 **10 Fragen und 10 Antworten zur dualen Ausbildung**
Aufgabe: Lösungswort: BERUFSWAHL

43 **Rechte der Auszubildenden**
Aufgabe:
a) Lösungswort: VERGUETUNG
b)
1. Auszubildende (= Azubis) haben ein Recht auf einen Arbeitsvertrag.
2. Durch den Ausbildungsbetrieb muss den Auszubildenden eine vernünftige Ausbildung geboten werden.
3. Die Azubis dürfen Aufgaben ablehnen, die nicht Bestandteil der Ausbildung sind.
4. Ausbildungs-, Arbeitsmittel (Werkzeuge, Werkstoffe ...) müssen den Auszubildenden kostenlos bereitgestellt werden.
5. Ein Anrecht haben die Auszubildenden darauf, dass ihnen gesetzlich vorgeschriebene Arbeitszeiten und Arbeitspausen gewährt werden.
6. Zudem haben Auszubildende zur Erholung einen Anspruch auf Urlaub.
7. Den Auszubildenden steht je Monat eine Ausbildungsvergütung in festgelegter Höhe zu.
8. Seit dem Jahr 2020 gilt in Deutschland ein Mindestlohn für Auszubildende.
9. Im Weiteren besitzen auch Auszubildende das Recht, das Ausbildungsverhältnis zu kündigen.
10. Bei der Beendigung des Ausbildungsverhältnisses muss dem jeweiligen Auszubildenden ein Arbeitszeugnis durch den Ausbildungsbetrieb ausgehändigt werden.

Lösungen

44

Pflichten der Auszubildenden

Aufgabe:
1. Weisungen;
2. Berufsschule;
3. Aufgaben;
4. Werkzeuge;
5. Betriebsordnung;
6. Fertigkeiten;
7. Abständen;
8. Fernbleiben;
9. Bescheinigungen;
10. Betriebsgeheimnisse

45

Test II: Das kann ich sagen zu den Themen ...

1. bis 5. individuelle Lösungen